JN050218

中学基礎がため100%

できた！
中学社会

地理 上

[本書の特長]

十分な学習量で確実に力がつく構成！

学力をつけるためには，くり返し学習が大切。本シリーズは地理・歴史をそれぞれ2冊に分け，公民は政治・経済の2冊分の量を1冊にまとめて，十分な量を学習できるようにしました。

テスト前 5科4択　テスト前に，4択問題で最終チェック！
4択問題アプリ「中学基礎100」

くもん出版アプリガイドページへ ▶ 各ストアからダウンロード
アプリは無料ですが，ネット接続の際の通話料金は別途発生いたします。

「中学社会　地理　上」パスワード **7495362**
※「地理　上」のコンテンツが使えます。

[本書の使い方]　※ 1 2 は学習を進める順番です。

1　要点チェック

まず，各単元の重要事項をチェック！
問題が解けないときにも見直しましょう。

それぞれの小単元が**書き込みドリル**のページと連動

覚えると得 は重要語句，ミスに注意 はまちがえやすい点，
重要 テストに出る！ はポイントになる点です。定期テスト前にもチェックしましょう。

2　スタートドリル

地図ワーク や資料の読み取りなどで，
基本用語と地図上の位置を覚えましょう。

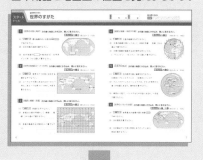

3　書き込みドリル

要点チェックでとりあげた小単元ごとに基本→発展の2段階で学習。
難しかったら，対応する要点チェックで確認しましょう。

テストでよくでる問題には 必出 マークがついています。得点UPコーナー はヒントです。
問題が解けないときに解説書とあわせて利用してください。チェック のように
示してあるページと番号で，要点チェックにもどって学習できます。

4　まとめのドリル

単元のおさらいです。ここまでの学習を
まとめて復習しましょう。
1 ～ 4 までが，1章分で構成されて
います。

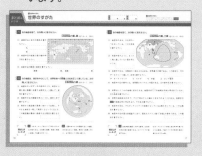

5　定期テスト対策問題

定期テスト前に力だめし。苦手なところは**要点チェック**や
スタートドリルなども使って，くり返し学習しましょう。

6　総合問題

このドリル1冊分の総まとめです。
学習の成果を確認しましょう。

解答書は，本書のうしろにのりづけされています。引っぱると別冊になります。答え合わせをして，まちがえたところは「考え方」をよく読んで直しましょう。

もくじ

※地図中にかき込んだり，色をぬったりする問題は，
　指定のない場合は好きな色を使いましょう。

地理　下　のご案内

1 地域調査の手法
2 日本の特色①
3 日本の特色②
4 九州地方
5 中国・四国地方
6 近畿地方
7 中部地方
8 関東地方
9 東北地方
10 北海道地方

写真提供：dpa/時事通信フォト・keystone/時事通信フォト・時事通信フォト・
アマナイメージズ・EPA ＝時事・AFP ＝時事・悠工房

1 世界のすがた

1 世界の大陸と地域区分 ドリル P8

①**世界の大陸と海洋**…陸：海＝３：７で海洋の方が広い。

- **六大陸**…**ユーラシア大陸**，北アメリカ大
  └→最も広い大陸。三つの大洋に接している
  陸，南アメリカ大陸，アフリカ大陸，
  オーストラリア大陸，南極大陸。
- **三大洋**…太平洋，大西洋，インド洋。

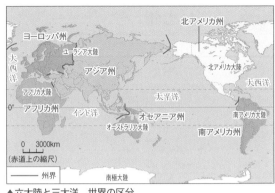

▲六大陸と三大洋，世界の区分

②**六つの州と地域区分**

- **アジア州**…ユーラシア大陸東側と東南の島国。

  ■■**東アジア**，**東南アジア**，**南アジア**，**中央アジ**
  └→日本・中国など └→フィリピン,インドネシアなど └→インドなど └→カザフスタンなど
  ア，**西アジア**。
  └→サウジアラビアなど

- **ヨーロッパ州**…ユーラシア大陸西側とイギリスな
  └→ロシア連邦(れんぽう)は，ヨーロッパ州とアジア州にまたがる国
  どの海洋国(島国)。

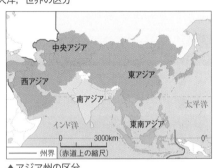

▲アジア州の区分

- **北アメリカ州**…カナダ，アメリカ合衆国，メキシコと，中
  央アメリカ，カリブ海の海洋国。
  └→キューバなど，西インド諸島の国々
- **南アメリカ州**…ラテンアメリカと呼ばれる。
  └→メキシコ以南の国々を含む呼び方
- **アフリカ州**…アフリカ大陸と周辺の海洋国。
  └→マダガスカルなど
- **オセアニア州**…オーストラリア大陸と南太平洋の海洋国。
  └→ニュージーランド,サモアなど

2 緯度と経度 ドリル P10

①**緯度**…**赤道**を０度として，地球を
南北にそれぞれ90度に分ける。

- **緯線**…赤道に平行な横の線。赤
  道より北を**北緯**，南を**南緯**という。

②**経度**…イギリスの**ロンドン**を南北
└→本初子午線
に通る線を０度として，地球を東
西にそれぞれ180度に分ける。

- **経線**…０度の**本初子午線**の西が**西経**，東が**東経**。
  ほんしょしごせん

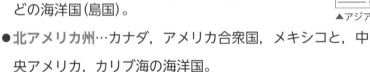

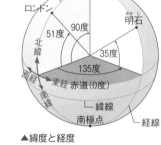

▲緯度と経度

覚えると得

日本の位置

日本はおよそ北緯20度から46度，東経122度から154度の範囲にある。北緯40度の緯線は秋田県大潟村あたりを通る。中国，トルコ，ギリシャ，イタリア，スペイン，ポルトガル，アメリカ合衆国などの国は北緯40度の線上にある。

3 地球儀と世界地図 ドリル P12

① **地球儀**…地球儀は地球を小さくした模型で，距離や面積，
　└→地球上のある地点とある地点の距離を調べるのに便利である
形，方位などを正しく表している。

② **いろいろな世界地図**…地球儀では世界全体を一度に見ること
ができない ▶ 目的に応じ，いろいろな世界地図がつくられた。

● **正距方位図法**…図の
中心からの**距離と方**
　└→ほかの地点からの距離，方位は不正確
位が正しく表される。
中心から引いた直線
が最短距離となる。

・東京からの方位…

東 ▶ ブエノスアイレス。
　　└→アルゼンチンの首都
西 ▶ ナイロビ。
　　└→ケニアの首都
北西 ▶ モスクワ。
　　└→ロシア連邦の首都

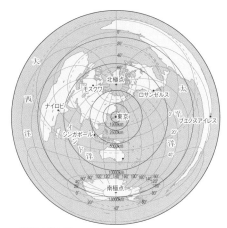
▲正距方位図法

・東京から遠い国 ▶ 南アメリカ州の国々。
　　　　　　　　└→ブラジルがほぼ正反対

4 世界のいろいろな国 ドリル P14

① **国旗と国境**…日本は，世界には196か国があるとしている。
　　　　　　　　　　　　　　　　　└→2020年現在

● **国旗**…人の願いや歴史の共通点を表すものがある。

● **国境**…山脈 ▶ スカンディナビア山脈，アンデス山脈，ヒマ
　　　　　　　└→ノルウェーとスウェーデン　　└→チリとアルゼンチン
ラヤ山脈。川 ▶ メコン川，リオグランデ川，アムール川。
└→中国とネパール　└→ラオスとタイ　└→アメリカ合衆国とメキシコ　└→ロシア連邦と中国
緯線や経線 ▶ 北緯49度線，北緯22度線，東経25度線。
　　　　　　　　└→アメリカ合衆国とカナダ　└→エジプトとスーダン　└→エジプトとリビア(植民地時代の境界)

② **海洋国（島国）と内陸国**

● **海洋国**…まわりをすべて海に囲まれた国 ▶ インドネシア，
ニュージーランド，マダガスカル，キューバ，イギリスなど。

● **内陸国**…海に面していない国 ▶ モンゴル，スイスなど。

③ **大きい国と小さな国**

● **面積の大きい国**…**ロシア連邦**，カナダ，アメリカ合衆国の順。
　　　　　　　　　　　　└→日本の約45倍
● **面積の小さい国**…**バチカン市国**，モナコ，ナウルの順。
　　　　　　　　　　　　└→イタリアのローマ市内にある
④ **人口の多い国**…**中国，インド**，アメリカ合衆国の順。
　　　　　　　　└→2019年現在
● **人口の少ない国**…バチカン市国，ニウエ，ナウルの順。

世界のすがた

---

1 【世界の大陸と海洋】次の通り地図にかき込み，問いに答えなさい。

✓ チェック P4 **1** ① (各5点×3 15点)

(1) 「地図ワーク」 最も面積の広い大陸を斜線(／／／)でぬりなさい。

(2) (1)の大陸の名前を書きなさい。

(3) 右の地図の ☐ の海洋名を{ 太平洋 インド洋 }から選んで書きなさい。

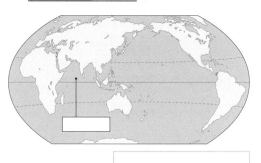

---

2 【世界の地域区分・六つの州】次の通り地図にかき込み，問いに答えなさい。

✓ チェック P4 **1** ② (各6点×2 12点)

(1) 「地図ワーク」 世界を六つの州に区分する線をなぞりなさい。

(2) ユーラシア大陸にあるのはヨーロッパ州と，あと一つは何という州か。州名を書きなさい。

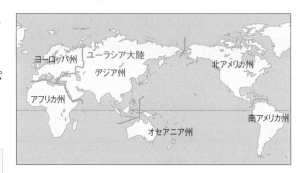

---

3 【緯度と緯線・赤道】次の通り地図にかき込み，問いに答えなさい。

✓ チェック P4 **2** ① (各5点×4 20点)

(1) 「地図ワーク」 赤道をなぞりなさい。

(2) 赤道は0度の何線か。{ 緯線 経線 }から選んで書きなさい。

(3) 赤道が通過する大陸名を二つ書きなさい。

4 【経度と経線・本初子午線】次の通り地図にかき込み，問いに答えなさい。

✓ チェック P4 **2** ② （各6点×3　18点）

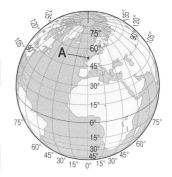

(1) ［地図ワーク］ ０度の経線をなぞりなさい。

(2) ０度の経線を何というか。{　本初子午線　　赤道　}から

選んで書きなさい。

(3) ０度の経線が通過するＡの都市は何というか。

{　ワシントン　　ロンドン　}から選んで書きなさい。

5 【正距方位図法】次の通り地図にかき込み，問いに答えなさい。

✓ チェック P5 **3** ② （各5点×4　20点）

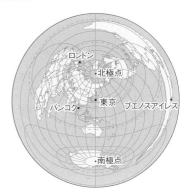

(1) ［地図ワーク］ 次の都市を結ぶ直線を引きなさい。

①東京とブエノスアイレス　　②東京とバンコク

(2) ブエノスアイレスとバンコクでは，どちらが東京から

遠くの位置にあるか。都市名を書きなさい。

(3) 東京から見て，バンコクはどの方位にあるか，八方位

で書きなさい。

6 【世界のいろいろな国】次の通り地図にかき込み，問いに答えなさい。

✓ チェック P4 **1**，P5 **4** （各5点×3　15点）

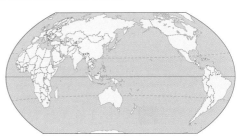

(1) ［地図ワーク］ 世界最大の面積の国を斜線（▨）

でぬりなさい。

(2) (1)の国名を書きなさい。

(3) (1)の国はアジア州と何州にまたがっているか。

州名を書きなさい。

① 世界の大陸と地域区分

基本

1 次の文の{ }の中から，正しい語句を選んで書きなさい。

> ✓ **チェック** P4 **1** （各5点×4　20点）

(1) 世界の陸と海洋の割合は{　2：8　　3：7　　5：5　}である。

必出(2) 三大洋とは，太平洋，大西洋，{　地中海　　インド洋　　北極海（ほっきょくかい）　}である。

(3) 六大陸の中で，最も面積が広いのは，{　ユーラシア大陸　　アフリカ大陸　　オース

トラリア大陸　}である。

(4) オセアニア州はオーストラリア大陸と{　南太平洋　　カリブ海　　インド洋　}にあ

る島々からなっている。

2 次の問いにあてはまるものを，下の{ }の中から選んで書きなさい。

> ✓ **チェック** P4 **1** ② （各6点×5　30点）

(1) 右の地図のA〜Cにあてはま

る州名を書きなさい。

A ＿＿＿＿＿＿＿＿＿＿ 州

B ＿＿＿＿＿＿＿＿＿＿ 州

C ＿＿＿＿＿＿＿＿＿＿ 州

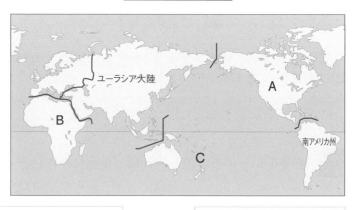

(2) ユーラシア大陸にある二つの

州を書きなさい。

①西側 ＿＿＿＿＿＿＿＿＿＿ 州　　②東側 ＿＿＿＿＿＿＿＿＿＿ 州

{　アジア　　アフリカ　　オセアニア　　北アメリカ　　ヨーロッパ　}

- -

**得点UP
コーチ**

1 (1)海の面積の方が広い。(3)三つの大洋
に面している大陸。(4)サモアやニュージー
ランドなどの海洋国（島国）がある海。

2 (1)大陸名と関連して考える。Cは大陸
名と異なるので注意する。(2)日本は東側の
州に入っている。

1 世界のすがた

スタート
ドリル | 書き込み
ドリル❶ | 書き込み
ドリル❷ | 書き込み
ドリル❸ | 書き込み
ドリル❹ | まとめの
ドリル

発展

3 右の地図を見て答えなさい。

✓ チェック P4 **1** ① (各6点×5　30点)

(1) 地図中のA～Dにあてはまる大陸
名や海洋名を書きなさい。

A	
B	
C	
D	

(2) 日本は何という大陸の東の方にある海洋国(島国)か。大陸名を書きなさい。

| |

4 右の地図を見て答えなさい。

✓ チェック P4 **1** ② (各5点×4　20点)

(1) ほぼ中央で北半球と南半球に分か
れている州名を書きなさい。

| |

(2) 二つの州にまたがる広大な国土を
もつ国の名を書きなさい。

| |

(3) 次の国々は，アジア州の中の何という地域区分にあるか書きなさい。

① トルコ・サウジアラビアなど……………………………………………

| |

② 中国・日本など…………………………………………………………

| |

**得点UP
コーチ**

3 (1)Cの海洋名は，この海洋に面する国
の名と同じ。

4 (1)赤道が通る大陸を考える。

(2)ヨーロッパ州とアジア州にまたがる国。

(3)①の国々はアジア州の西にある。②の
国々はアジア州の東にある。

1 世界のすがた

2 緯度と経度

1 次の文の{ }の中から，正しい語句を選んで書きなさい。

✓ チェック P4 **2** (各5点×3　15点)

必出(1)　緯度は赤道を0度として，南北をそれぞれ{　45度　　90度　　180度　}に分ける。

必出(2)　経度は本初子午線を0度とし，東西をそれぞれ{　45度　　90度　　180度　}に分ける。

(3)　経線のうち，0度の本初子午線の西にあるものを{　東経　　西経　　西緯　}という。

2 右の地図を見て，次の問いに答えなさい。

✓ チェック P4 **2** (各6点×5　30点)

必出(1)　右の図のA～Dにあてはまる語句や地名を，あとの{ }の中から選んで書きなさい。

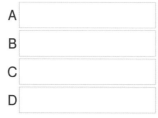

A

B

C

D

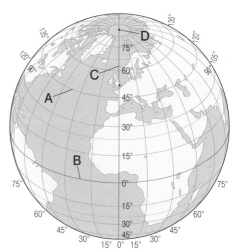

{　緯線　　北極点　　赤道　　本初子午線　}

(2)　経度の基準となる0度の線が通る都市の名をあとの{ }の中から選んで書きなさい。

{　パリ　　ロンドン　　ワシントン　}

- -

**得点UP
コーチ↑**

1 (1)北極点は北緯90度である。　　　　　　　本初子午線は0度の経線のこと。

(2)0度の経線の反対側は180度の経線である。　(2)0度の経線はイギリスを通る。

2 (1)緯線は赤道に平行な線である。

発展

3 右の地図を見て，次の問いに答えなさい。

✓ チェック P4 2 （各7点×5　35点）

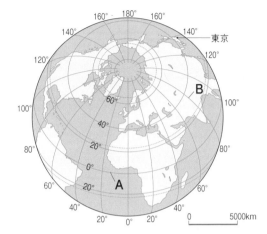

(1) 地図中のAは赤道である。緯度は何度か書きなさい。

(2) 赤道に関して，次の文の ① ，②にあてはまる語句を書きなさい。

Aにあたる緯線の北側を ① といい，南側を ② という。

① _____　② _____

(3) 地図中のBは東経80度の経線である。この線を北上して北極点を通り過ぎたとき，東経または西経何度になるか書きなさい。

(4) 東京はおよそ北緯36度，東経140度にある。東京と正反対の位置を，緯度と経度で答えなさい。　緯度：_____ 度，　経度：_____ 度

4 次の地図は，北緯40度の緯線を中心とした国である。地図中のA～Dにあてはまる国を，下の{ }の中から選んで書きなさい。

✓ チェック P4 2 （各5点×4　20点）

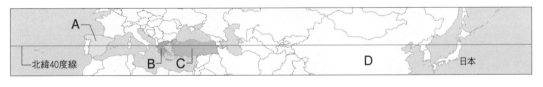

{ アメリカ合衆国　ギリシャ　スペイン　中国　トルコ　パキスタン }

A		B	
C		D	

得点UP コーチ

3 (1)赤道は緯線の基準になる線である。

(3)東経は，北極を過ぎると西経に変わる。

(4)東経と西経，北緯と南緯は正反対の関係になっている。

4 北緯40度の緯線は秋田県大潟村付近を通っている。

基本

1 次の文の{ }の中から，正しい語句を選んで書きなさい。

✓ チェック P5 3 (各7点×3 21点)

必出 (1) 正距方位図法は，図の中心からの距離と{ 方位　面積　国の形 }を正しく表した地図である。

(2) メルカトル図法では，高緯度にあるグリーンランドは実際の面積の割合と比べて{ 拡大されて　縮小されて　正しく }表される。

必出 (3) 地球上で日本のほぼ正反対の位置にある国は{ イギリス　ブラジル　アメリカ合衆国 }である。

2 次の文の　　　にあう語句を，下の　　　から選んで書きなさい。

✓ チェック P5 3 (各5点×5 25点)

(1) 地球儀は地球を小さくした ① 　　　　　　で，距離や面積，方位，② 　　　　　　などを正しく表現している。しかし地球儀では世界全体を一度に見ることができないため，目的に応じていろいろな世界地図がつくられた。

(2) 右の地図は ③ 　　　　　が正しく表されている地図であるが，大陸の形は ④ 　　　　　から離れるほどゆがむ。また，メルカトル図法の地図は緯線と経線が ⑤ 　　　　　に交わる地図で航海に使われるが，面積は正しくない。

▲モルワイデ図法の地図

| 直角 | 中心 | 模型 | 赤道 | 方位 | 距離 | 面積 | 形 |

得点UP
コーチ↑

1 (1)正距方位の意味から考える。(3)地球上のある地点から地球の中心に向かって引いた直線と，地球上の反対側の交点を対せき点という。

2 (1)①地球を小さくしたものということから考える。(2)④地図の中央にある線。

発 展

3 右の地図を見て，答えなさい。

✔ **チェック** P5 **3** ② (各6点×9　54点)

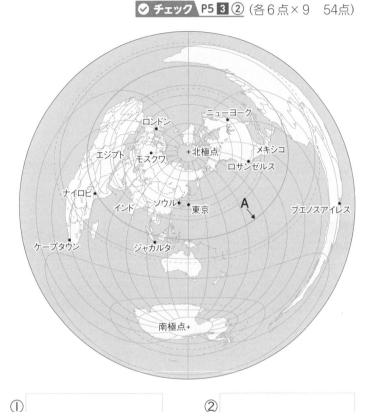

(1) 右の地図は，図の中心(東京)からの距離と方位が正しくえがかれている。この地図の図法名を書きなさい。

(2) 地図中の **A** の緯線を特に何というか。漢字二字で書きなさい。

(3) 地図中の都市で，東京から①最も近い都市名と，②最も遠い都市名を書きなさい。

①　　　　　　　　　　　②

(4) 南極大陸を除いて，日本(東京)から遠く離れている大陸名を二つ書きなさい。

(5) インド，エジプト，メキシコのうち，日本(東京)に最も近い国はどこか。国名を書きなさい。

(6) 次の都市は東京から見て，どの方位にあるか。八方位で書きなさい。

①モスクワ　　　　　　　　　　②ナイロビ

得点UP
コーチ

3 (1)距離と方位が正しいということに注目。(3)東京からの距離が正しい図だから，2点間の長さを比べる。

(4)東京から遠くなるほど形のゆがみが大きくなる。(6)八方位は，四方位に北東・北西・南東・南西が加わる。

基本

1 次の文の{ }の中から，正しい語句を選んで書きなさい。

✅ チェック P5 4 (各5点×3　15点)

(1)　世界で最も面積の大きい国はロシア連邦で，日本の約{　25　　35　　45　}倍ある。

(2)　イギリスのように，まわりを海に囲まれた国を{　山国　　海国　　海洋国　}という。

必出(3)　世界で最も面積の小さい国は{　モナコ　　ナウル　　バチカン市国　}である。

2 次の問いにあてはまる国や川や山脈を，地図中から選んで書きなさい。

✅ チェック P5 4 (各5点×6　30点)

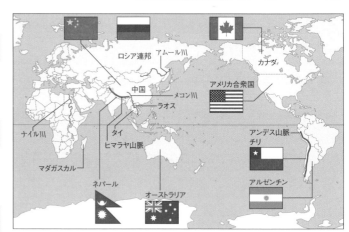

必出(1)　世界で最も人口の多い国(2019年)。

(2)　中国とロシア連邦の国境になっている川。

(3)　中国とネパールの国境になっている山脈。

(4)　アフリカ大陸の東側にある島国。

(5)　世界で2番目に面積の大きい国。

(6)　ユニオンジャックの入った国旗を持つ国。

得点UP
コーチ

1 (1)この国はヨーロッパ州とアジア州にまたがる。(3)イタリアの首都ローマ市内にある。
2 (1)世界で4番目に面積が大きく，約

14億人の人口を持つ。(3)世界で最も高い山脈。(6)ユニオンジャックとはイギリスの国旗のこと。

発展

3 右の地図を見て，次の問いに答えなさい。

✅ チェック **P5 4** (各7点×5　35点)

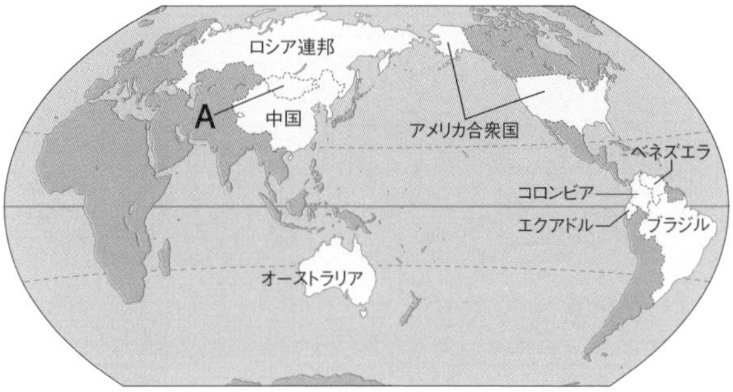

(1)　中国より面積の広い国を，地図中から二つ選んで，国名を書きなさい。

（解答欄）

（解答欄）

(2)　次のことに由来する国名を書きなさい。

①　探検家のコロンブスの名前から………………………………

②　「赤道」を意味するスペイン語から………………………………

必出 (3)　地図中のＡの国のように，海にまったく面していない国を何というか書きなさい。

（地図内ラベル）
ロシア連邦
中国
Ａ
アメリカ合衆国
ベネズエラ
コロンビア
エクアドル
ブラジル
オーストラリア

4 次の問いに答えなさい。

✅ チェック **P5 4 ①** (各5点×4　20点)

(1)　次の国と国との国境には，何かを利用して定めた部分がある。それらを{　}から選んで書きなさい。　　　　　{　山脈　　川　　緯線　　経線　}

①　ノルウェーとスウェーデン………………………………………

②　エジプトとスーダン………………………………………………

③　アメリカ合衆国とメキシコ………………………………………

必出 (2)　アフリカで直線の国境線が多いのは，ヨーロッパの国々が，この地域を何として支配していたことと関係が深いか書きなさい。

得点UP
コーチ

3 (1)中国は，世界で4番目に面積の広い国。(2)どちらも南アメリカ州にある国。
(3)Ａの国はモンゴルである。

4 (1)①スカンディナビア半島にある国。
②アフリカにある国。国境線が直線。
(2)1960年代以降に独立した国が多い。

1 世界のすがた

世界のすがた

1 右の地図を見て，次の問いに答えなさい。

✓ チェック P4 **1** ， **2** (各7点×4　28点)

(1)　地図中 A と B の大陸名を書き
なさい。

A

B

(2)　地図中ⓐの経度０度の線の呼
び名を書きなさい。

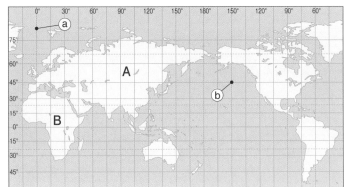

(3)　地図中ⓑの緯度(いど)と経度を書きなさい。

緯度：　　　　　　　　　　　度，　経度：　　　　　　　　　　　度

2 右の地図は，東京を中心にして，世界各地への距離(きょり)と方位を正しく表している。次の
問いに答えなさい。

✓ チェック P5 **3** (各8点×3　24点)

(1)　地図中の・印ア〜エの都市のうち，東京から
最も遠い距離に位置する都市を一つ選んで，記
号を書きなさい。　

(2)　地図中の A の緯線を何というか。漢字二字で
書きなさい。　

(3)　東京から航空機で真東に向かって出発し，そ
のまま地球を一周して東京にもどってくるとき，
この航空機が最初に通過する大陸名を書きなさ
い。　

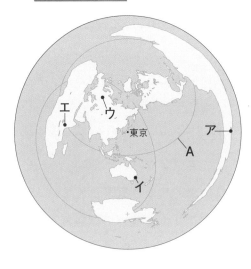

- -

**得点UP
コーチ⤴**

1 (1)A ヨーロッパ州とアジア州にまたが
る大陸である。(3)北緯と南緯，東経と西経
に注意して位置を示すこと。

2 (1)図の中心からの距離が正しい地図。
(3)方位も正しい地図。東京から真東に行く
と，まず何という大陸に着くか。

3 右の地図を見て，次の問いに答えなさい。

✓ **チェック** P4 **1**，P5 **4** (各6点×8　48点)

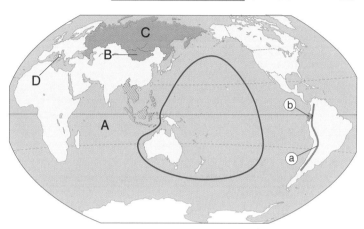

(1) 地図中の**A**は，三大洋の一つを示している。この大洋名を書きなさい。

(2) 地図中**B**のように，まったく海に面していない国を何というか。

(3) 地図中の**C**は，全陸地の1割以上を占める，世界最大の国である。この国名を，次のア～エから一つ選んで，記号を書きなさい。

　　ア　オーストラリア　　　イ　カナダ　　　ウ　中国　　　エ　ロシア連邦

(4) 地図中の**D**の都市には，世界最小のバチカン市国がある。**D**の都市名を書きなさい。

(5) 世界はいくつかの地域に区分される。地図中の◯◯の地域は何州と呼ばれているか。その名称を書きなさい。

(6) 世界の地域区分の中で，アジア州はさらに細かく区分されることがある。地図中の▨▨の地域は何と呼ばれるか。その名を書きなさい。

(7) 地図中の@は，アルゼンチンとチリの国境となっている山脈を示している。この山脈名を書きなさい。

(8) 地図中の⑥の国は赤道直下にあり，国名もスペイン語で「赤道」の意味である。この国名を書きなさい。

- -

**得点UP
コーチ↗**

3 (2)海洋国（島国）に対する語句。(3)日本の約45倍の面積がある。(4)イタリアの首都である。

(5)オーストラリア大陸と南太平洋の島々からなる地域。(7)南アメリカの西側を南北に連なる大きな山脈。

2 日本のすがた

■1 日本の位置と時差

ドリル ▶ P22

①日本の位置

● <u>ユーラシア大陸</u>の東。
　└→太平洋の北西

● <u>北半球の中緯度</u>…
　└→北緯20度～50度
ヨーロッパ南部～ア

フリカ北部。

②日本の領域

● <u>海洋国</u>…<u>四つの大き</u>
　└→島国　　└→北海道・本州・四国・九州
<u>な島</u>と多くの小島。

● <u>国土面積</u>…約38万km²。

● <u>領海</u>…沿岸から12海里 ■▶ 200海里以内は<u>排他的経済水域</u>。
日本の国土面積の10倍以上。経済水域とも。水産・鉱産資源は沿岸国が管理◀┘

● <u>日本の端</u>…<u>択捉島</u>(北端)，<u>南鳥島</u>(東端)，<u>沖ノ鳥島</u>(南端)，
　　え とろふ　ほくたん　　みなみとり　　　おき の とり
<u>与那国島</u>(西端)。
よ な ぐに

③標準時と時差

● <u>標準時</u>…各国の基準の時刻。
　└→日本は東経135°が標準時子午線で，兵庫県明石市

● <u>時差</u>…各国の標準時のずれ。

<u>経度差15度で1時間の時差</u>。
　└→東経の数値が大きい方が時刻が進んでいる

● 時差・時刻を計算しよう。

　　■▶ 右の地図を見て進めましょう。

▲日本の領域と排他的経済水域

日本の経度

東経122度～154度。
この範囲にオースト
ラリア，中国，ロシ
アなどがある。

日本の緯度
ほく い
北緯20度～46度。
この範囲にアメリカ
合衆国，中国，イラ
ン，エジプト，イタ
リアなどがある。

〈例1〉ロンドンと明石の時差
　　　　　　　　あかし

▶明石の経度➡東経135度

▶ロンドンの経度➡0度

経度差：135－0＝135(度)

経度差15度で1時間の時差なので，

135(度)÷15(度)＝9(時間)

〈例2〉明石21時のときのカイロの時刻

▶明石の経度➡東経135度

▶カイロの経度➡東経30度

経度差：135－30＝105(度)

経度差15度で1時間の時差なので，

21(時)－{105(度)÷15(度)}＝14(時)＝午後2時

④領土をめぐる問題

● <u>北方領土</u>（歯舞群
　　↳北海道根室市に属する
島・色丹島・国後
島・択捉島）…日本

固有の領土だが，ロ
シア連邦が不法に占
拠している。

● <u>竹島</u>…日本固有の領
　　↳島根県隠岐（おき）の島町に属する
土だが韓国が不法に
占拠している。

● <u>尖閣諸島</u>…日本固有の領土で，領土問題はないが，中国や
　　↳沖縄県石垣（いしがき）市
台湾が権利を主張している。

▲北方領土・竹島・尖閣諸島の位置

2 47都道府県と地方区分 ドリル P24

● **7地方区分**…北海道地方，東北

地方，関東地方，中部地方，近
　　　　　　　　　↳北陸，中央高地，東海
畿地方，中国・四国地方，九州
　　↳山陰，瀬戸内，南四国
地方。

● **行政区分**…1都1道2府43県。

・**都道府県庁所在地**…都道府県
　の行政を担う役所がある都市。

〈都道府県名と異なる都道府県庁所在地〉
札幌市（北海道）・盛岡市（岩手）
仙台市（宮城）・水戸市（茨城）
宇都宮市（栃木）・前橋市（群馬）
さいたま市（埼玉）・横浜市（神奈川）・金沢市（石川）・甲府市（山梨）
名古屋市（愛知）・神戸市（兵庫）
大津市（滋賀）・津市（三重）
松江市（島根）・松山市（愛媛）
高松市（香川）・那覇市（沖縄）（18都市）

日本の7つの地方区分

▲日本の地方区分

スタートドリル

日本のすがた

1 【日本の同緯度，同経度の範囲】次の通り地図にかき込み，問いに答えなさい。

✅ チェック P18 **1** ①③ (各5点×6　30点)

(1) 〔地図ワーク〕北緯40度の緯線と東経140度の経線をなぞりなさい。

(2) 北緯40度の緯線が通っている，日本の西と東にある大国を，地図からそれぞれ選んで書きなさい。

　　あ西 _____　　い東 _____

(3) 東経140度の経線が通っている，日本の北と南にある大国を，地図からそれぞれ選んで書きなさい。　　あ北 _____　　い南 _____

(4) 日本の標準時となる経線は，東経何度の経線か。{ }の中から選んで書きなさい。

　　{ 120度　　135度　　140度 }　　_____

2 【日本の領域と排他的経済水域】次の通り地図にかき込み，問いに答えなさい。

✅ チェック P18 **1** ①② (各3点×4　12点)

(1) 〔地図ワーク〕日本の排他的経済水域の外側の線をなぞりなさい。

(2) 日本の排他的経済水域とは，沿岸から何海里か。

　　{ 12海里　　200海里 }から選んで書きなさい。

　　_____

(3) (2)で行うことが認められているのは何か。

　　{ 漁業　　他国の船を制限する }から選んで書きなさい。

　　_____

(4) 日本の最東端はどこか。{ 択捉島　南鳥島 }から選んで書きなさい。

　　_____

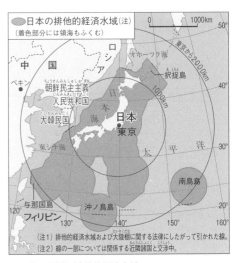

▲日本の領域と排他的経済水域

3 【時差】 次の通り地図にかき込み，問いに答えなさい。

✓ チェック P18 **1** ③ (各4点×4　16点)

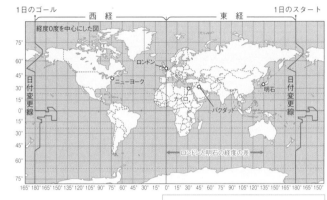

(1) 地図ワーク 日本の標準時子午線をなぞりなさい。

(2) 日本の標準時子午線が通る都市はどこか。兵庫県{ 神戸市　明石市 }から選んで書きなさい。

(3) 1時間の時差は，経度の差何度で生じるか。{ 15度　20度 }から選んで書きなさい。

(4) ロンドンと明石市の時差は，何時間か。{ 6時間　9時間 }から選んで書きなさい。

4 【都道府県と地方区分】 次の通り地図にかき込み，問いに答えなさい。

✓ チェック P19 **2** (各6点×7　42点)

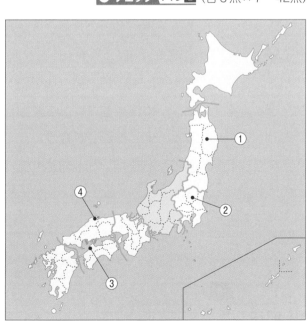

(1) 地図ワーク 7地方区分の境界線をすべてなぞりなさい。

(2) 中部地方は，さらに三つの地域に分けることがある。東海以外の二つを書きなさい。

(3) 次の県の県庁所在地名を書きなさい。

① 岩手県

② 栃木県

③ 愛媛県

④ 島根県

21

**書き込み
ドリル**

2 日本のすがた

① 日本の位置と時差

基本

1 次の文の{ }の中から，正しい語句を選んで書きなさい。

✓ チェック P18 1 ①②③ (各4点×5 20点)

必出 (1) 日本は，{ アフリカ　北アメリカ　ユーラシア }大陸の東にある。

必出 (2) 日本の標準時子午線は，東経{ 125　135　145 }度の経線である。

(3) 本初子午線の通るロンドンと日本では{ 5　9　12 }時間の時差がある。

(4) 日本の国土面積は，約{ 38　48　58 }万km²である。

(5) { イタリア　オーストラリア }は，日本と同緯度の範囲にある国である。

2 次の文の◻◻◻にあてはまる語句を，下の{ }の中から選んで書きなさい。

✓ チェック P18 1 ③④ (各5点×6 30点)

必出 (1) 北海道の東にある歯舞群島・色丹島・国後島・①◻◻◻◻◻◻島は，日本固有の領土であるが，現在は②◻◻◻◻◻◻が占拠している。日本は，この地域を③◻◻◻◻◻◻と呼んでいて，②の国に返還を求めている。

(2) 世界の国々には，その国の基準になる時刻がある。これを①◻◻◻◻◻◻という。 ① は，基準とする経線である②◻◻◻◻◻◻の真上に太陽が来るときを正午として決める。日本の ② は兵庫県③◻◻◻◻◻◻を通る。

{ 択捉　本初子午線　沖ノ鳥　標準時　姫路市　中国
海洋国　標準時子午線　明石市　内陸国　北方領土　ロシア連邦 }

**得点UP
コーチ↑**

1 (1)アジア州とヨーロッパ州を合わせた大陸。　(3)経度が15度ちがうと1時間の時差が生じる。　(4)ドイツよりやや広い。

2 (1)①日本の北端にあたる島。②旧ソ連の大部分を占めていた国。(2)本初子午線とは経度0度の経線をいう。

22

① 日本の位置と時差

2 日本のすがた

スタート
ドリル

書き込み
ドリル❶

書き込み
ドリル❷

まとめの
ドリル

学習日　　月　　日　得点　　点

発展

3 右の地図を見て，次の問いに答えなさい。

 P18 **1** ①②④ （各5点×7　35点）

必出 (1) 地図中の A〜D は，それぞれ日本の北端，南端，東端，西端を示している。あてはまる島の名を書きなさい。

A _____　　B _____

C _____　　D _____

(2) 地図中の E の大陸名を書きなさい。

_____

必出 (3) 地図中の F は日本固有の領土であるが，現在はロシア連邦に占拠されている。返還を求めている地域を，日本は何と呼んでいるか。

_____

(4) 日本列島は，北東から南西に約何千kmのびているか。

_____

4 次の問いに答えなさい。（東経30度，東経135度，西経75度は標準時子午線である。）

 P18 **1** ③ （各5点×3　15点）

(1) 兵庫県明石市とエジプトのカイロ（東経30度）との経度差は何度か，書きなさい。

_____ 度

必出 (2) カイロが1月1日の午前1時のとき，明石市は何月何日の何時か書きなさい。

_____

(3) ニューヨーク（西経75度）が1月1日午前1時のとき，明石市は何月何日の何時か書きなさい。

_____

得点UP
コーチ

3 (2)世界最大の大陸。(3)江戸時代末期の条約で，日本領となった地域。

4 (1)引き算すればよい。(2)経度差15度で1時間の時差。カイロと明石市では明石市の方が時間は先に進む。

2 47都道府県と地方区分

基本

1 それぞれの文にあてはまる語句を，下の{ }から選んで書きなさい。

✓ **チェック** P19 **2** (各4点×4　16点)

必出 (1) 大阪府，京都府，和歌山県がふくまれる地方区分。

必出 (2) 佐賀県，大分県，宮崎県がふくまれる地方区分。

(3) 宮城県の県庁所在地。

(4) 中部地方を三つに分けた地域区分のうち，日本海側に面している地域区分。

{
盛岡市（もりおか）　仙台市（せんだい）　北海道　近畿地方（きんき）

北陸　　　東海　　　九州地方　　　東北地方
}

2 次の文の{ }の中から，正しい語句を選んで書きなさい。

✓ **チェック** P19 **2** (各5点×4　20点)

(1) 日本の地方区分のうち東北地方と中部地方にはさまれているのは，{ 九州　　関東　北海道 }地方である。

(2) 中部地方と接していないのは，{ 近畿　　東北　　九州 }地方である。

(3) 中国・四国地方を3つに分けた地域区分は，山陰（さんいん），南四国，{ 東海　　瀬戸内（せとうち）　　北陸 }である。

(4) 秋田県，福島県，宮城県があるのは，{ 九州　　東北　　関東 }地方である。

**得点UP
コーチ↑**

1 (1)他にも奈良県や滋賀県，兵庫県，三重県がある。

(2)沖縄県もふくまれる。

(4)冬に雪が多い地域である。

2 (3)中国地方を中国山地で山陰と山陽に分けることもある。

学習日　月　日　得点　点

② 日本のすがた
スタート
ドリル
書き込み
ドリル❶
書き込み
ドリル❷
まとめの
ドリル

発展

3 次の地図を見て，あとの問いに答えなさい。

✅ **チェック** P19 **2** (各4点×16　64点)

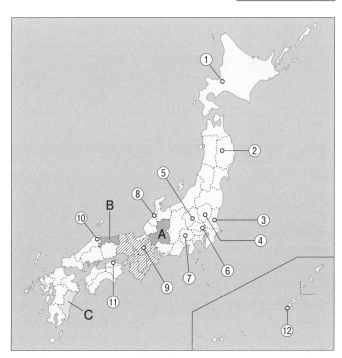

必出 (1)　図の①～⑫の都道府県庁所在地名を書きなさい。

①	②	③
④	⑤	⑥
⑦	⑧	⑨
⑩	⑪	⑫

(2)　図のA～Cの都道府県名を書きなさい。

A　　　　　　　　　B　　　　　　　　　C

(3)　斜線部分(▨)の地方区分名を書きなさい。

‥‥

**得点UP
コーチ↑**

3 (1)都道府県名と都道府県庁所在地名が
ちがう所をしっかり覚える。

日本のすがた

まとめの
ドリル

1 次の問いに答えなさい。

✓ チェック P18 1 (各5点×8　40点)

(1) （　）にあてはまることばを書きなさい。

日本の範囲	北：あ択捉島　南：（ⓐ）島　東：（ⓑ）島　西：与那国島
日本の位置	（ⓒ）大陸の東　太平洋の北西
海洋国（島国）	（ⓓ），北海道，四国，九州と多くの小さな島
国土面積	約（ⓔ）万km^2
標準時子午線	い東経（ⓕ）度

ⓐ [   ]　　ⓑ [   ]　　ⓒ [   ]

ⓓ [   ]　　ⓔ [   ]　　ⓕ [   ]

(2) 下線部あは，日本固有の領土だが，今，ある国に不法に占拠されている。その国の名
前を書きなさい。 [   ]

(3) 下線部いの経線が通る兵庫県の都市名を書きなさい。 [   ]

2 右の図を見て，次の問いに答えなさい。

✓ チェック P18 1 ② (各4点×3　12点)

(1) 日本は，領海を沿岸から何海里としているか。

[   ]

(2) [   ]にあてはまる語句を書きなさい。

[   ]

必出 (3) (2)を，日本は沿岸から何海里としているか。

[   ]

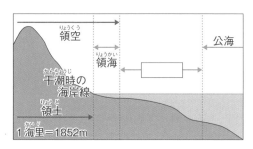

得点UP コーチ↑

1 (1)ⓐⓑをしっかり整理すること。
(2)竹島，尖閣諸島の位置や現状も整理すること。

2 (1)かつては3海里であったが，現在は多くの国と同じ12海里にした。(2)石油などの鉱産資源も管理することができる。

| 学習日 | 月 | 日 | 得点 | 点 |

2 日本のすがた

スタート
ドリル | 書き込み
ドリル❶ | 書き込み
ドリル❷ | **まとめの
ドリル**

3 時差に関する次の問いに答えなさい。

✓ **チェック** P18 **1** ③ (各5点×4 20点)

(1) 各国が時刻を決めるうえで基準としている経線を何というか書きなさい。

(2) (1)の経線上の場所から観測できる太陽の動きで決まる，その国の基準となる時刻を何というか書きなさい。

(3) 明石市(東経135度)とバグダッド(東経45度)を比べたとき，どちらが何時間早いかを書きなさい。

(4) ニューヨーク(西経75度)で2月1日午前9時だったとき，明石市の時刻を書きなさい。

4 次の問いに答えなさい。

✓ **チェック** P19 **1** ④，**2** (各4点×7 28点)

(1) 九州地方と近畿地方にはさまれている地方区分を書きなさい。

(2) 中部地方を三つの地域区分に分けたとき，北陸と東海にはさまれている地域区分を書きなさい。

(3) 三重県と兵庫県の県庁所在地を書きなさい。

三重県　　　　　　　　　　　　兵庫県

(4) 横浜市と名古屋市が県庁所在地である県の名前を書きなさい。

横浜市　　　　　　　　　　　　名古屋市

(5) 日本固有の領土である竹島はある県に属している。その県の名前を書きなさい。

・・

**得点UP
コーチ↑**　　**3** (4)東経と西経の時差は，日付変更線をまたぐ方法があるが，東経から西経に移動する際，1日遅らせる必要がある。　　**4** (5)隠岐の島町に属する。

要点
チェック

3 世界の宗教と世界の気候

1 世界のさまざまな宗教 ドリル P32

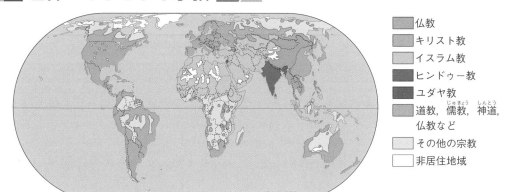

- 仏教
- キリスト教
- イスラム教
- ヒンドゥー教
- ユダヤ教
- 道教, 儒教, 神道, 仏教など
- その他の宗教
- 非居住地域

①さまざまな宗教…<u>仏教・キリスト教・イスラム教</u>, <u>ヒン</u>
        └→世界の三大宗教(世界宗教)
　<u>ドゥー教, ユダヤ教</u>。
　└→特定の民族や地域と結びつく
　●<u>仏教</u>…東南アジア, 東アジア。
　　　└→世界の人口の7.1%
　●<u>キリスト教</u>…ヨーロッパ, 南北アメリカ, オセアニア。
　　　　　└→世界の人口の31.4%
　●<u>イスラム教</u>…北アフリカ, 西・中央・東南アジア。
　　　　└→世界の人口の23.2%

②くらしと宗教

　●<u>仏教</u>…<u>大乗仏教</u>と, <u>上座部仏教</u>。タイでは, 国民の９割が
　　　　　　└→チベットから日本へ　└→スリランカおよび東南アジアに分布
　　信仰しており, <u>生活と仏教の結びつきが強い</u>。教典(宗教
　　　　　　　　　└→僧侶(そうりょ)への寄付, 仏式結婚式など
　　の教え)は**経**。礼拝所は**寺院**。

　●<u>キリスト教</u>…カトリック, プロテスタント, 正教会などの
　　宗派がある。教典は**聖書**。日曜日には**教会**などで礼拝。神
　　と他人への愛を重要視。

　●<u>イスラム教</u>…１日５回, 聖地メッカに向かって祈る。教典
　　　　　　└→アッラーという唯一の神への信仰
　　は**コーラン**。金曜日が休日で**モスク**で礼拝。飲酒は禁止,
　　豚肉は食べないため, きまりに従った料理に**ハラル**という
　　マークが貼られる。<u>イスラム暦９月(ラマダン月)は**断食**</u>。
　　　　　　　　　└→日の出から日没(にちぼつ)まで, 水, その他の物を食べない
　●ヒンドゥー教…インドで８割以上の人が信仰する。聖なる
　　川である**ガンジス川**で沐浴をする。牛を神の使いとし, 牛
　　肉は食べない。

覚えると得

宗教の伝来

宗教の伝来には, さまざまな形がある。日本の場合, 仏教は538年ごろ, 渡来人によって伝えられたといわれている。また, キリスト教は, 1549年, イエズス会のフランシスコ・ザビエルによって伝えられらた。

南アメリカ州の場合, キリスト教をおもに信じていたスペインやポルトガルの植民地であった国が多く, その影響を受けていることがわかる。

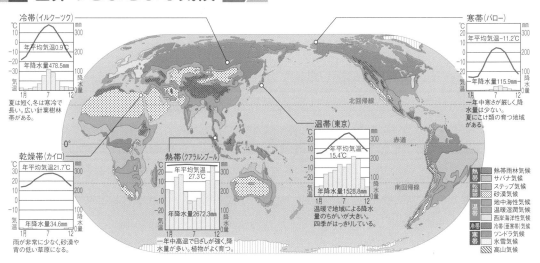

冷帯(イルクーツク)
年平均気温0.9℃
年降水量478.5mm
夏は短く、冬は寒冷で長い。広い針葉樹林帯がある。

寒帯(バロー)
年平均気温-11.2℃
一年降水量115.9mm
一年中寒さが厳しく、降水量は少ない。
夏にこけ類の育つ地域がある。

乾燥帯(カイロ)
年平均気温21.7℃
年降水量34.6mm
雨が非常に少なく、砂漠や背の低い草原になる。

熱帯(クアラルンプール)
年平均気温27.3℃
年降水量2672.3mm
一年中高温で日ざしが強く、降水量が多い。植物がよく育つ。

温帯(東京)
年平均気温15.4℃
年降水量1528.8mm
温暖で地域による降水量のちがいが大きい。四季がはっきりしている。

北回帰線
赤道
南回帰線
0°

熱帯
　熱帯雨林気候
　サバナ気候
乾燥帯
　ステップ気候
　砂漠気候
温帯
　地中海性気候
　温暖湿潤気候
　西岸海洋性気候
冷帯
　冷帯(亜寒帯)気候
寒帯
　ツンドラ気候
　氷雪気候
　高山気候

①森林の育つ気候

- **熱帯**…一年中気温が高い。赤道を中心に広がる。
  - **熱帯雨林気候**…一年中降雨があり、密林が広がる。
  - **サバナ気候**…**乾季**と**雨季**がある。
    └→まばらな樹木とたけの長い草原が見られる
- **温帯**…季節の変化があり、温暖である。
  - **地中海性気候**…夏は暑く乾燥し、冬に雨が降る。
    └→地中海沿岸では、オリーブ、ぶどうを栽培
  - **西岸海洋性気候**…高緯度でも寒くなく、雨は一年中降る。
    └→大陸西岸、大西洋から湿った大気が偏西風で運ばれる
  - **温暖湿潤気候**…季節により、気温や降水量の変化が大きい。
    └→日本では、季節風により冬は日本海側、夏は太平洋側で降水量が多い
- **冷帯(亜寒帯)**…冬は厳しい寒さ、夏は気温が上がる。
    └→ユーラシア大陸、北アメリカ大陸の北部→針葉樹林が広がる

②森林がほとんど育たない気候

- **乾燥帯**
  - **砂漠気候**…雨がとても少ない。
  - **ステップ気候**…雨季がわずかに見られ、草原が広がる。
    └→たけが短い
- **寒帯**…一年中、雪や氷におおわれる**氷雪気候**と、短い夏にこけ類やわずかな草が育つ**ツンドラ気候**がある。

▲熱帯

▲乾燥帯

▲冷帯(亜寒帯)

▲寒帯

覚えると得

気候帯と気候区

気候帯…気温と降水量のちがいで分けられた気候の区分。
気候区…寒さ・乾燥の度合い・雨の降り方などで気候帯を細分化したもの。
気候帯、気候区は土地の文化や農産物に大きく影響する。

高山気候

緯度や海からの距離ではなく、標高により気温が決まる。100m上がると気温は0.6度下がり、4000mをこえる高山地域は森林が形成されない。そのため、住居に木材を使わない等の特徴が見られる。

世界の宗教と世界の気候

1 【世界のさまざまな宗教】次の通り地図にかき込み，問いに答えなさい。

✓ **チェック** P28 **1** (各３点×10　30点)

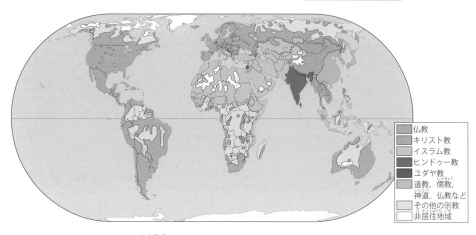

凡例：
仏教
キリスト教
イスラム教
ヒンドゥー教
ユダヤ教
道教，儒教，神道，仏教など
その他の宗教
非居住地域

(1) 〔地図ワーク〕 イスラム教を信仰している地域を黒でぬりなさい。

(2) イスラム教のほかに，三大宗教（世界宗教）を二つ書きなさい。

(3) イスラム教徒について，次の文の{ }の中から正しい語句を選んで書きなさい。

　① イスラム教徒は{　豚肉　　牛肉　}はいっさい食べない。

　② イスラム教徒は，１日５回聖地{　メッカ　　バチカン市国　}に向かって礼拝を行う。

　③ イスラム教徒は，イスラム暦の９月になると{　沐浴　　断食　}を行う。

(4) 宗教上の理由から，神の使いである牛の肉をいっさい食べない宗教の名を，地図中から選んで書きなさい。

(5) タイで多く信仰されている仏教は，{　上座部　　大乗　}仏教である。

(6) おもにキリスト教徒が礼拝を行う施設を{　教会　　モスク　}という。

(7) 北アメリカ州にあるメキシコでおもに信仰されている宗教は{　仏教　　キリスト教　}である。

3 世界の宗教と世界の気候

スタート
ドリル｜書き込み
ドリル❶｜書き込み
ドリル❷｜まとめの
ドリル

学習日　月　日　得点　点

2 【世界のさまざまな気候】次の問いに答えなさい。

✓ チェック P29 **2** （各5点×14　70点）

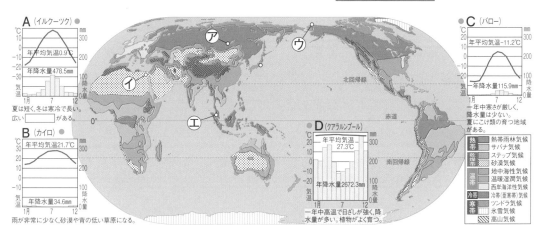

A （イルクーツク）●
年平均気温0.9℃
年降水量478.5mm
夏は短く、冬は寒冷で長い。
広い□□□がある。

B （カイロ）●
年平均気温21.7℃
年降水量34.6mm
雨が非常に少なく、砂漠や背の低い草原になる。

C （バロー）●
年平均気温-11.2℃
年降水量115.9mm
一年中寒さが厳しく、降水量は少ない。夏にこけ類の育つ地域がある。

D （クアラルンプール）●
年平均気温27.3℃
年降水量2672.3mm
一年中高温で日ざしが強く、降水量が多い。植物がよく育つ。

熱帯	熱帯雨林気候
	サバナ気候
乾燥帯	ステップ気候
	砂漠気候
温帯	地中海性気候
	温暖湿潤気候
	西岸海洋性気候
冷帯	冷帯（亜寒帯）気候
寒帯	ツンドラ気候
	氷雪気候
	高山気候

(1) 〔地図ワーク〕 A～Dの雨温図の都市を，地図中の㋐～㋓から選んで，線でつなぎなさい。

(2) A～Dの都市の気候帯名を地図中から選んで書きなさい。　A □□□

　　B □□□　　C □□□　　D □□□

(3) 気候帯の特色について，次の文の{ }の中から正しい語句を選んで書きなさい。

① 熱帯は，一年中，高温で，{ 赤道　　南回帰線 }を中心に広がる。

□□□

② 温帯は，季節の変化があり，気温や降水量も変化に富む。地域によって，西岸海洋性気候，温暖湿潤気候，{ 太平洋側気候　　地中海性気候 }に分けられる。

□□□

③ 冷帯（亜寒帯）は，冬の寒さは厳しいが，夏は気温が上がり，{ 広葉樹　針葉樹 }の林が広がる。

□□□

④ 乾燥帯は，降水量が少なく，{ 砂漠　　雪や氷 }や草原におおわれる。

□□□

⑤ 寒帯は，一年中{ 雪や氷　　砂 }におおわれる。

□□□

(4) 右の写真は，(3)の①～⑤のどの気候帯の様子か。番号を書きなさい。

□□□

③ 世界の宗教と世界の気候

① 世界のさまざまな宗教

基本

1 次の文の{ }の中から，正しい語句を選んで書きなさい。

✓ チェック P28 **1** (各6点×5　30点)

(1) キリスト教の教典は，①{　聖書　　コーラン　　経　}，仏教の経典は②{　聖書　　コーラン　　経　}である。

①	②

(2) 世界三大宗教と呼ばれるもののほかに，{　仏教　　ユダヤ教　　イスラム教　}など地域や民族と深く結びついた宗教もある。

(3) イスラム教徒が金曜日に集まって礼拝する施設は{　寺院　　モスク　　教会　}と呼ばれる。

(4) ヒンドゥー教徒にとって{　アマゾン　　インダス　　ガンジス　}川は，聖なる川と考えられている。

2 次の文の　　　　にあてはまる語句を，下の　　　から選んで書きなさい。

✓ チェック P28 **1** (各5点×4　20点)

必出 (1) 宗教は，民族や国境を越えて世界に広がっている。東アジアや東南アジアでは，

①　　　　　　　　　　　が信仰されるほか，西アジアや中央アジア，アフリカ北部では，

②　　　　　　　　　　　を信仰する人が多く，宗教に基づく生活をしている。欧米では

③　　　　　　　　　　　が信仰され，今でも日曜日は礼拝に行く人が多い。

(2) 　　　　　　　　　というマークは，イスラム教の教えに従って調理された食材や料理であることを示している。

> グリーンマーク　　ハラル　　ヒンドゥー教　　仏教
> キリスト教　　フェアトレード　　イスラム教　　ユダヤ教

- -

**得点UP
コーチ**

1 (1)コーランはイスラム教の教典。(2)世界三大宗教はイスラム教，仏教，キリスト教。(4)アマゾン川は南アメリカ州。

2 (1)世界の大きな三つの宗教のことである。(2)豚肉を使用していないことなどが，マークでわかる。

発 展

3 右の地図を見て，答えなさい。

✓チェック P28 1 （各5点×3　15点）

(1)　地図中の①，②にあてはまる宗教の名を
書きなさい。

①

②

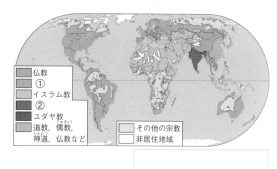

仏教
①
イスラム教
②
ユダヤ教
道教，儒教，
神道，仏教など

その他の宗教
非居住地域

(2)　アフリカ大陸北部において広く分布して
いる宗教は何か，書きなさい。

4 次の文の□□□にあてはまる語句を書きなさい。

✓チェック P28 1 （各5点×7　35点）

(1)　イスラム教の信者は宗教のきまりを守ってくらしている。①□□□□□□□の
肉はいっさい食べない。また，1日に5回，聖地である②□□□□□□□に向かっ
て礼拝をする。イスラム暦の9月には③□□□□□□□を行う。金曜日が休日で
モスクで礼拝を行う。

(2)　仏教は大きく二つに分かれる。東南アジア方面に広がった①□□□□□□□仏
教と，チベットから日本にかけて広がった②□□□□□□□仏教である。タイは
①がさかんな国で，日常生活の中に仏教が深く根付いている。

(3)　インドの約80％の人が信仰している宗教では，神の使いとされる動物である
①□□□□□□□の肉は食べない。また，②□□□□□□□川は，彼らに
とって聖なる川と考えられていて，沐浴に訪れる人が多い。

**得点UP
コーチ**

3 (1)①おもな分布地域が，ヨーロッパ，
南北アメリカ大陸であることに着目。

4 (1)②聖地はサウジアラビアにある都

市。③「ラマダン」ともいわれる。
(3)①肉は食べないが，乳やバターなどは食
べる。②インド東部をながれる大河。

2 世界のさまざまな気候

書き込み
ドリル

基本

1 次の世界の気候の区分図を見て，下の問いに答えなさい。

✅ チェック P29 **2** (各4点×6 24点)

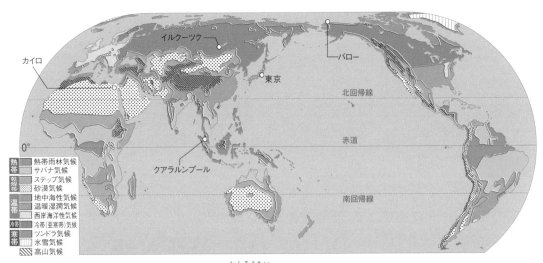

必出(1) 次の①～⑤の気候帯名を，熱帯・乾燥帯（かんそうたい）・温帯・冷帯・寒帯から選びなさい。

① 赤道を中心に広がっており，一年中暑くて四季の区別がない。

② 降水量が少なくて森林が育たず，砂漠（さばく）やあれ地が広がる。

③ 四季の変化がはっきりしていて，気温や降水量も変化に富んでいる。

④ 冬の寒さが厳しい地域で，北半球の北部に分布している。

⑤ 常に雪や氷におおわれた北極や南極とその周辺など，寒さの厳しい地域である。

(2) 日本の大部分が属している気候帯名を上の地図から選んで書きなさい。

- -

得点UP
コーチ↱

1 (1)①は，一年中雨の多い熱帯雨林気候と，雨季と乾季に分かれるサバナ気候がある。②は，熱帯周辺の暑い地域と，内陸の寒冷な地域がある。雨がわずかに降るところでは，短い草が生えステップと呼ばれる。④は針葉樹林が生育している。

発展

2 次の気候帯にあてはまる文を a ～ d から選んで記号を，その気候帯にあてはまる雨温図をア～エから選んで都市名を書きなさい。 ✓チェック P29 **2** (各5点×8　40点)

| 冷帯…… | | | 温帯… | | |
| 乾燥帯… | | | 熱帯… | | |

a　降水量は地域によってちがいが大きいが，どこも温暖で季節の変化がある。

b　雨が非常に少なく，砂漠やたけの短い草がはえた草原が広がる。

c　一年中高温で日差しが強く，降水量が多いために，植物がよく育つ。

d　夏は短く，冬は寒冷で長い。広い針葉樹林がある。

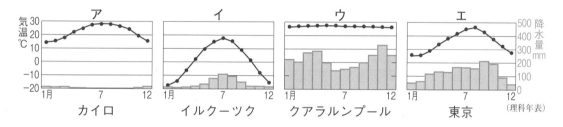

（理科年表）

3 温帯の気候について述べた次の文で，（　）にあてはまる語句を，下の{　}の中から選んで書きなさい。 ✓チェック P29 **2** (各9点×4　36点)

(1)　ユーラシア大陸の（ ア ）にある西ヨーロッパは，風向きがほぼ一定の偏西風によって（ イ ）からあたたかく湿った大気が運ばれるため，高緯度のわりに寒さがやわらいでいる。

ア　　　　　　　　　　　イ

(2)　日本は，ユーラシア大陸の（ ア ）にある海洋国で，夏と冬で風向きが逆になる季節風の影響を強く受けるため，（ イ ）に南東の風がふく太平洋側は降水量が多い地域である。

ア　　　　　　　　　　　イ

{ 東岸　西岸　南岸　北岸　太平洋　大西洋　台風　インド洋　夏　冬 }

**得点UP
コーチ↑**

2 カイロはエジプトの首都，イルクーツクはロシア連邦のバイカル湖岸にある都市，クアラルンプールはマレーシアの首都。

3 (1)温帯の中で，特に西岸海洋性気候といわれる。(2)温帯の中で，温暖湿潤気候といわれる。

世界の宗教と世界の気候

1 右の宗教の分布図を見て，次の問いに答えなさい。

✓ **チェック** P28 **1** （各3点×10　30点）

(1) 地図中の**A**，**B**の国で，おもに信
仰されている宗教は何か。

A ［　　　　　　　　　　　　］

B ［　　　　　　　　　　　　］

分布図凡例：
- 仏教
- キリスト教
- イスラム教
- ヒンドゥー教
- ユダヤ教
- 道教，儒教，神道，仏教など
- その他の宗教
- 非居住地域

(2) 地図中の㋐の地域のおもな宗教に
ついて，問いに答えなさい。

① この宗教の「教典」は何か。

［　　　　　　　　　　　　］

② この宗教を信仰する人々が，食べてはいけないとされる肉は何の肉か，書きなさい。

［　　　　　　　　　　　　］

(3) 次の①～③は宗教の説明である。それぞれ何という宗教のものか書きなさい。

① 1日5回の祈りがある。金曜日が休みで，モスクに集まる。	② タイではおもに9割の人が信仰し，生活との結びつきも強い宗教。	③ カトリック，プロテスタントなどがある。クリスマスはこの宗教の行事。

［　　　　　　　　　　　　］　　　　　　　　　　　　　　　［　　　　　　　　　　　　］

(4) ヒンドゥー教について下線部分が正しければ○を，誤っていれば正しい語句を書きなさい。

㋐インドでは，人口の約80%がヒンドゥー教である。ヒンドゥー教では㋑羊は神の使いとされているため，その肉は食べない。㋒インダス川は，ヒンドゥー教徒にとって聖なる川とされ，沐浴のために多くの人が訪れる。

㋐ ［　　　　　　　］　　　㋑ ［　　　　　　　］　　　㋒ ［　　　　　　　］

**得点UP
コーチ↑**

1 (1)Aはスペイン，Bはタイ。

(2)②この宗教では飲酒も禁止されている。

(4)沐浴とは，水を頭から浴びて体を清めること。

2 右の世界の気候の区分図を見て，次の問いに答えなさい。

✅ **チェック** P29 **2** （各10点×7　70点）

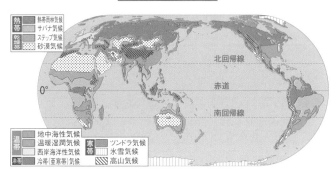

(1) 次の文にあてはまる気候区を，地図中から選んで書きなさい。

① 一年中，暑い日が続き降雨がある。

[　　　　　　　] 気候

② 雨季がわずかに見られ，たけの低い草原が広がる。

[　　　　　　　] 気候

③ 冬の寒さは厳しく，針葉樹が広がる。 [　　　　　　] 気候

(2) 右のグラフは熱帯，温帯，冷帯のうち，どの気候帯の雨温図か。一つ選んで気候帯名を書きなさい。 [　　　　　　]

(3) 右下の⑦と⑦の写真は，森林の育たない気候帯の様子である。これらの写真の気候帯名を，それぞれ書きなさい。

⑦ [　　　　　　　]

⑦ [　　　　　　　]

(4) 地中海沿岸の地中海性気候についての説明としてあてはまらないものを次のア～エから一つ選んで，記号を書きなさい。 [　　　　　　]

ア 夏に乾燥し，冬に降雨が見られる。　　イ 乾燥帯に見られる気候の一つ。

ウ 北アフリカの一部にもみられる。

エ この気候にあうオリーブやぶどうを栽培する。

- -

得点UP コーチ

2 (1)①は赤道付近の気候。②はたけの低い草原という語句に注目。③は針葉樹林がポイント。

(3)寒すぎたり，降水量が少なすぎたりすると森林は育たない。

37

4 世界の人々の生活と環境（かんきょう）

1 暑い地域と寒い地域にくらす人々 ドリル P42

①暑い地域にくらす人々

- **熱帯**…一年を通して気温が高い。一年中雨が降る地域に広がる森林を**熱帯雨林**という。
  └→多種多様，色彩（しきさい）豊かな動植物←┘

  ・**マングローブ**，さんご礁（しょう）が見られる。
  └→熱帯の入り江などに育つ，塩水に強い常緑広葉樹

- **常夏（とこなつ）の島でくらす人々**…南太平洋にある**サモア**。

  ・住居…木の支柱，やしの葉の屋根。高床（たかゆか）で壁（かべ）はない。
  └→伝統的家屋＝「ファレ」。風通しがよくすずしい

  ・主食…タロいも。ココやし，バナナなど。
  └→煮（に）たり，肉と蒸し焼きにしたりする └→自給自足の栽培

  ・服装…男女とも大きな布をこしに巻く。上着はＴシャツ，はき物はサンダル。

- **マレーシア**…赤道に沿った熱帯に位置する国。イギリスの植民地時代に森林が切り開かれ，**天然ゴム**の農園や鉱山の開発。高床の住居。

②寒い地域にくらす人々

- **雪と氷の中でくらす人々**…カナダ北部に**イヌイット**が生活。
  └→北極海に面した地域 └→アメリカでは，エスキモーと呼ぶ

  ・気候…気温が0℃以下の期間が長い。一年の大半が雪と氷。
  └→寒帯のツンドラ気候，日照時間が長くなる夏に，わずかな草とコケが生える，作物が育たない

  ・イヌイットのくらし…かつての生活の中心は狩り。現在
  └→犬ぞりであざらしやカリブー（野生のトナカイ）←┘
  は定住生活で，くらしも変化。
  └→電気や暖房がある └→スノーモービルで狩り，スーパーマーケットの利用
                （しゅりょう）

  ・伝統的な住居…狩猟用の冬の**イグルー**。
  └→れんが状の雪を積み上げた氷のドーム←┘

  ・伝統的な服装…動物の毛皮の衣服やくつ。

  ・主食…生肉を食べる。パンや野菜の食事も増える。
  └→タンパク質・ビタミンの摂取（せっしゅ）

- **寒暖の差が激しい土地にくらす人々**…シベリア。

  ・気候…冬には−10℃，夏は10℃以上。気温差が大きい。夏
  └→冷帯（亜寒帯） └→昼には30℃になることもある
  に気温が上がるため，樹木や作物が育つ。**タイガ**が広がる。
  └→冬の寒さに強いまつ，もみなどの針葉樹林帯

  ・住居…太い丸太を組み合わせた**ログハウス**。がんじょうな
  └→熱を伝えにくい └→農村地域に見られる

二重窓。玄関のとびらは厚い木。高床の集合住宅など。
　　　　└住居の熱で永久凍土がとけるのを防ぐ

・服装…毛皮の厚いコート，頭全体をおおう帽子。

・主食…ライ麦でつくったパンやじゃがいも。

■2 温暖な土地と乾燥した土地にくらす人々　ドリル▶P44

①温暖な土地にくらす人々…イタリア。
　　　　　　　　　　　　　　└北海道と同じくらいの緯度
● **気候**…温帯。イタリアの多くは地中海性気候。
　　　　　└四季があり，適度に雨が降り，温暖で農耕がさかん

・農業…夏にぶどう，オリーブ，トマトを栽培，冬に小麦。
　　　　　└暑く乾燥した気候に適している　　　　　　　└降雨が必要

・住居…多くの住居は石の壁。窓は小さく，外側には木で

つくられたブラインド■▶夏の日差しを入れない。

・食事…ワイン・オリーブオイル・トマトソースは不可欠。

②乾燥した土地にくらす人々…サヘル，アラビア半島，モンゴル。
　　　　　　　　　　　　　　　└アフリカのサハラ砂漠の南に接する
● **気候**…乾燥していて雨が少なく農業に適さない■▶遊牧。

● **遊牧**…羊などの家畜を連れ，えさとなる草や水を求めて移動。
　　└乾燥帯（サヘル，モンゴルなど）のほかツンドラ気候（カリブーを遊牧）にも見られる

● **住居**…遊牧をする人々はテント。モンゴルではゲルと呼ぶ。
　　　　└一定の範囲を移動。遊牧民
　定住する人々は日干しレンガの住居。

● **服装**…丈の長い，風通しの良い服。日差しや砂から肌を守る。
　　　　　└サヘル，アラビア半島で見られる

● **農業**…オアシス➡砂漠で地下水がわきでるところ。
　　　　　　　　　　└さばく

・サヘル…焼畑農業■▶砂漠化の進行
　　　　　└乾燥に強いひえ，きび，もろこしを栽培

■3 高地にくらす人々　ドリル▶P46

①標高の高い土地にくらす人々…アンデス山脈中央部の人々。
　　　└赤道付近でも一年中すずしい　　　　　　　└ペルーの中部など
● **気候**…高山気候。標高が上がるにつれて気温は下がる。

● **人々の生活**…住居は標高4000m付近。高山都市■▶ペルー
のクスコ・ボリビアのラパスなど。日干しれんがや石の住居。

・住居より高い地域で，ア
ルパカやリャマ，羊の放牧。
　└毛をつむぐ　　└荷物を運ぶ

・住居より低い地域では
じゃがいもやとうもろこ
しを栽培。

・服装…ポンチョやつばの
　　　　　└防寒用マント
ついた帽子。

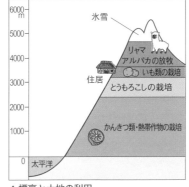

▲標高と土地の利用

覚えると得

温帯の三つの気候
・地中海性気候…夏暑く乾燥し，冬に降雨がある気候。

・西岸海洋性気候…大西洋沿岸地域のように緯度が高いわりに寒くなく，一年を通して降雨がある気候。

・温暖湿潤気候…日本のように，雨が多く，季節による気温・降水量の変化が大きい。

焼畑農業
サヘル地域などで行われている農業。わずかに木が生えた草原を焼き払って畑をつくり，ひえやもろこしなどを育てる。

砂漠化
土地が農業や植物の生育に適さない不毛な土地にかわること。原因は気候変動・過放牧など。

高地の雨温図

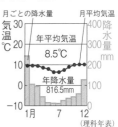

▲ラパスの雨温図

39

スタート ドリル

世界の人々の生活と環境

シベリア

アンデス山脈

①

②

③

---

1 【暑い地域にくらす人々】次の通り地図にかき込み，問いに答えなさい。

✓ チェック P38 **1** ① (各9点×2 18点)

(1) 地図ワーク サモアの位置を地図中の①～③から選んで，国名を地図中に書き入れなさい。

(2) サモアなどの常夏の島でくらす人々の住居は，気温が高いため，木や竹でつくられ，屋根には{ やし さとうきび }の葉が使われている。{ }の中から正しい語句を選んで書きなさい。

---

2 【寒い地域にくらす人々】次の文の{ }の中から，正しい語句を選んで書きなさい。

✓ チェック P38 **1** ② (各8点×2 16点)

(1) イヌイットの人々はかつては犬ぞりを使って{ 稲作 狩り }の生活をしていた。

(2) シベリアでくらす人々は，冬の気温が下がるので，農村などでは今でも，伝統的な太い{ 竹 丸太 }を組み合わせたログハウスのような家に住んでいる。

学習日　月　日　得点　点

4 世界の人々の生活と環境

スタート
ドリル
書き込み
ドリル❶
書き込み
ドリル❷
書き込み
ドリル❸
まとめの
ドリル

3　【温暖な土地にくらす人々】次の通り地図にかき込み，問いに答えなさい。

✓チェック P39 **2** ① (各7点×3　21点)

(1)　 地図ワーク　イタリアの位置を地図中の①～③から選んで，国名を地図中に書き入れなさい。

(2)　イタリアなどでは，夏の暑さをさけるために，窓の小さい{　石造り　　日干しれんが　}の家が多く見られる。{　}の中から正しい語句を選んで書きなさい。

(3)　イタリアでは，夏は暑く乾燥(かんそう)するため，{　稲　　オリーブ　}，トマトなど乾燥(かんそう)に強い作物をつくっている。{　}の中から正しい語句を選んで書きなさい。

4　【乾燥した土地にくらす人々】次の通り地図にかき込み，問いに答えなさい。

✓チェック P39 **2** ② (各7点×3　21点)

(1)　 地図ワーク　サヘルの位置を地図中の①～③から選んで，地図中に書き入れなさい。

(2)　サヘルでは6月から9月にわずかに降る雨を利用して{　混合　　焼畑　}農業を行っている。{　}の中から正しい語句を選んで書きなさい。

(3)　サヘル地域のやぎや羊の遊牧をする人々は，{　石造りの家　　テント　}で生活する。{　}の中から正しい語句を選んで書きなさい。

5　【高地にくらす人々】次の文の{　}の中から正しい語句を選んで書きなさい。

✓チェック P39 **3** ① (各8点×3　24点)

(1)　アンデス山脈中央部は標高が上がるにつれて気温が{　上がる　　下がる　}。

(2)　人々は標高4000mくらいのところに住居を建て，{　アルパカ　　乳牛　}やリャマ，羊の放牧をしている。

(3)　住居より低いところでは，{　じゃがいも　　稲　}を栽培(さいばい)する。

1 暑い地域と寒い地域にくらす人々

基本

1 次の文の{ }の中から，正しい語句を選んで書きなさい。

✓ **チェック** P38 **1** (各6点×4　24点)

(1) 赤道を中心に分布しており，一年中気温が高い地域を{　温帯　熱帯　冷帯　}という。

(2) 一年中気温が高く雨が多いため，背の高い樹木が育ち，多種多様な生物が住む森林を，{　針葉樹林　ぶな林　熱帯雨林　}という。

(3) 常夏の島サモアの伝統的な住居の屋根は，{　バナナ　やし　ぶどう　}の葉でつくられている。

(4) シベリアでは，冬の寒さをふせぐために{　太い丸太　太い竹　石　}でつくられ，窓が二重になった住居がみられる。

2 次のそれぞれの文にあてはまる語句を，下の{ }の中から選んで書きなさい。

✓ **チェック** P38 **1** ② (各6点×4　24点)

(1) 短い夏の間だけ，地表の雪や氷がとけて草やこけが育つ湿地が広がっている。

必出 (2) ユーラシア大陸や北アメリカ大陸の冷帯の地域に広がっている針葉樹林帯。

必出 (3) 北アメリカの北極海周辺に住み，狩りをして生計を立てていた先住民のこと。

(4) (3)の人々が，肉や毛皮をとるために狩りをする野生のトナカイのこと。

{　イヌイット　オアシス　カリブー　イグルー　タイガ　ツンドラ　}

**得点UP
コーチ**

1 (1)東南アジア，アフリカのコンゴ盆地，南アメリカのアマゾン川流域など。
(3)熱帯で作られている作物から考える。

(4)シベリアは針葉樹が多い。
2 (3)「人間」という意味。
(4)北アメリカにすむトナカイのこと。

| 学習日 | 月 | 日 | 得点 | 点 |

発展

3 右の地図を見て，次の問いに答えなさい。

✔ チェック P38 **1** ① (各8点×3 24点)

(1) 地図中の▨の地域の気候帯を何というか
書きなさい。

(2) 地図中の A の地域の人たちが，主食として
いるものを，{ }の中から選んで書きなさい。

{ 米 じゃがいも タロいも 小麦 とうもろこし }

(3) 地図中の B の国について，次の文の□□□にあてはまる語句を書きなさい。

植民地時代に□□□の農園や鉱山の開発が進められ，多くの熱帯雨林が失われた。

Bマレーシア Aサモア

4 右の地図を見て，次の問いに答えなさい。

✔ チェック P38 **1** ② (各7点×4 28点)

(1) 地図中の A，B の気候帯の名を，下の{ }
の中から選んで書きなさい。

A

B

{ 温帯 冷帯 寒帯 乾燥帯 }

バロー
シベリア
0°

▨ A
▨ B

(2) 地図中のバロー付近などに住む，先住民の名を書きなさい。

(3) 地図中のシベリアに広がる，針葉樹林帯の名を書きなさい。

- -

**得点UP
コーチ**

3 (1)一年中暑くて雨が多い気候。
(2)Aのまわりには，フィジーやトンガなど
常夏の国がある。

4 (1)Aは一年中寒く，Bは冬に寒さが厳
しい。(3)まつ，もみ，すぎなど，針状の葉
をもつ木を針葉樹という。

4 世界の人々の生活と環境

② 温暖な土地と乾燥した土地にくらす人々

基本

1 次の文の{ }の中から，正しい語句を選んで書きなさい。

✓ チェック P39 **2** (各7点×4　28点)

(1) イタリアは日本と同じく，{ 熱帯　温帯　冷帯 }の気候帯に属している。

(2) 夏が暑く乾燥するイタリアの地中海沿岸地域では，乾燥に強い{ バナナ　稲　オリーブ }，トマトなどが栽培されている。

(3) 遊牧民は，移動に便利なように{ 木造　日干しれんが　テント }の家に住んでいる。

(4) サヘルでは，乾燥に強いひえや{ もろこし　稲　じゃがいも }などが栽培されている。

2 次の文の＿＿＿にあてはまる語句を，下の＿＿の中から選んで書きなさい。

✓ チェック P39 **2** ② (各6点×5　30点)

世界には，雨が少ないために草木がほとんど育たない ① した地域が見られる。西アジアにある ② 半島もその一つである。この地域には，砂地や岩石だけの ③ が広がっている。 ③ でも，水を得られるところがあり，ここは ④ と呼ばれ，水のみ場や洗濯の場として使われている。また，この地域では羊などの家畜を連れて，えさとなる草を求めて移動しながら育てる ⑤ が行われている。

オアシス　モンゴル　乾燥　砂漠　ステップ　アラビア　遊牧

**得点UP
コーチ**

1 (1)温暖な気候で，農耕がさかん。
(4)粉状にして煮こみながら練る。
2 ①「雨が少ない」に注目。

⑤牧畜の一つ。草が少ないため，草を求めて移動する。

発展

3 右の地図を見て，次の問いに答えなさい。

✓ チェック P39 **2** ② (各6点×5　30点)

(1)　Aの半島名を書きなさい。 _____

(2)　この地域のほとんどは，何と呼ばれる気候帯か。

その名を書きなさい。 _____

必出 (3)　砂漠地帯でみられる，家畜を連れて，えさとなる草
を求めて移動しながら育てる牧畜を何というか書きな
さい。 _____

リヤド

A

▨ 砂漠

(4)　砂漠地帯で(3)の牧畜が見られるところを{　}の中か
ら選んで書きなさい。 _____

{　イタリア　　カナダ　　サモア　　モンゴル　}

(5)　右の写真は，砂漠で水の得られるところである。ここを何と
いうか書きなさい。 _____

4 次の文を読んで，あとの問いに答えなさい。

✓ チェック P39 **2** ① (各6点×2　12点)

　イタリアの中部には ⓐオリーブやぶどうの畑が広がっている。また，熱を通しにくい石
で造られている住居が多く，ⓑ窓は小さく，木のブラインドがつけられている。

(1)　下線部ⓐの栽培がさかんなのは，夏のどのような気候が栽培に適しているからか書き
なさい。 _____

(2)　下線部ⓑのようなくふうをしているのは，夏の ____ を家の中に入れないためである。

____ にあてはまる言葉を書きなさい。 _____

· ·

得点UP
コーチ↑

3 (2)降水量の少ない気候帯。
(3)少ない草を求めて，一定の範囲を移動し
ている。

4 (1)このくだものの特性を考える。フラ
ンス南部でもさかん。(2)夏の家の中は冷房
がなくてもすずしい。

4 世界の人々の生活と環境

③ 高地にくらす人々

基本

1 次の文の{ }の中から，正しい語句を選んで書きなさい。

✓ チェック P39 **3** (各4点×5　20点)

⑴　アンデス山脈の高地は{　赤道　　南極　　本初子午線　}に近いにもかかわらず一年
中すずしい気候である。

必出 ⑵　⑴の高地は昼と夜の気温差が大きく，標高が高くなると酸素が薄(うす)くなる{　氷雪気候
ツンドラ気候　　高山気候　}に位置する。

⑶　アンデス山脈の高地に住む人々の住居は，標高{ 1000m　　2000m　　4000m }
付近にある。

必出 ⑷　アンデス山脈の高地に住む人々の住居の壁(かべ)は，{　丸太　　日干しれんが　　竹　}や
石でつくられている。

⑸　アンデス山脈の低緯度(いど)に位置する{　ラパス　　カイロ　　バロー　}は，古くから先
住民族がくらし，高山都市として発達した。

2 次の文の□□□にあてはまる語句を，あとの□□□の中から選んで書きなさい。

✓ チェック P39 **3** (各5点×4　20点)

南アメリカの西側にある ① □□□□□□□□ 山脈の中の高原は，赤道付近でもす
ずしく，人々が生活している。この人々は ② □□□□□□□□ と呼ばれるマントを
身につけている。昼間は草原で羊などの放牧をしたり，畑でじゃがいもを栽培(さいばい)したりして
いる。羊や ③ □□□□□□ の毛をつむいで布を織り，④ □□□□□□□
に積んで低地の市場に運んでいる。

> アルパカ　　アンデス　　インディオ　　カリブー　　ポンチョ　　リャマ

**得点UP
コーチ**

1 ⑶富士山よりも高いところで生活して
いる。⑷高地なので樹木は少ない。

2 ①「天に届く階段畑」という意味。
③④役割の区別をつけておく。

4 世界の人々の生活と環境

スタート
ドリル
書き込み
ドリル❶
書き込み
ドリル❷
書き込み
ドリル❸
まとめの
ドリル

発 展

3 右の図を見て，次の問いに答えなさい。

✔ **チェック** P39 **3** (各7点×4　28点)

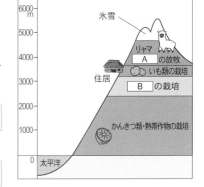

必出 (1)　右の図は，南アメリカ大陸の西にある山脈の標高と土地利用である。この山脈名を書きなさい。

(2)　この山脈の山中にある住居の壁は，おもに何を使っているか書きなさい。

(3)　右の図の**A**と**B**にあてはまる家畜（か ちく）名と作物名を{　}の中から選んで書きなさい。

A [　　　　　　　　]　　　　**B** [　　　　　　　　]

{
アルパカ　　豚
米　　とうもろこし
}

4 右の雨温図について，あとの問いに答えなさい。

✔ **チェック** P39 **3** (各8点×4　32点)

必出 (1)　右のグラフ中の①〜③が表すものを，[＿＿]から選んで書きなさい。

①[　　　　　　　]　　②[　　　　　　　]

③[　　　　　　　]

[
月平均気温　　月最高気温　　年降水量
年平均気温　　月平均降水量
月ごとの降水量　　１時間降水量
]

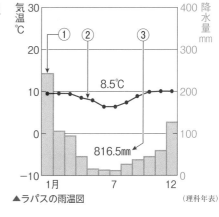

▲ラパスの雨温図　　　　(理科年表)

(2)　右の雨温図は，どの気候を表しているか，{　}から選んで書きなさい。

{　高山気候　　温暖湿潤（しつじゅん）気候　　ツンドラ気候　} [　　　　　　　　]

- -

**得点UP
コーチ**

3 (1)6000mをこえる山もあるけわしい山脈。(3)住居のすぐ下の標高でつくられていることに注意。

4 (1)雨温図の折れ線は気温。棒グラフは降水量を表す。(2)南半球のため，北半球と夏・冬の時期が逆。

まとめの
ドリル

世界の人々の生活と環境

1 右の地図を見て，次の問いに答えなさい。

✓ チェック P38 **1** ②，P39 **2** ② (各8点×6　48点)

(1) 地図中の **A** の地域の人々の生活について，次の問いに答えなさい。

① 羊などの家畜を連れて，草や水を求めて移動しながら育てる牧畜を何というか書きなさい。

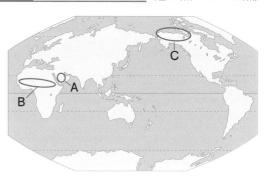

② ①を行う人々は，移動に便利なように，どんな住居を利用しているか書きなさい。

(2) 地図中 **B** の地域について答えなさい。

必出 ① この地域はサハラ砂漠の南に位置する地域である。この地域の名をカタカナ三字で書きなさい。

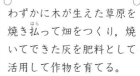

わずかに木が生えた草原を焼き払って畑をつくり，焼いてできた灰を肥料として活用して作物を育てる。

② この地域では右のカードのような農業が行われている。この農業の名を書きなさい。

(3) 地図中の **C** の地域の人々の生活について，次の問いに答えなさい。

必出 ① この地域で狩りをして生活していた先住民の名を書きなさい。

② 右の写真は，①の先住民が，冬の狩りのときに利用した住居である。この住居の名を書きなさい。

1 (1)①アラビア半島やモンゴルなど乾燥地帯で見られる。(2)アラビア語で「岸辺」と呼ばれる。わずかにふる雨を利用して，乾燥に強いひえなどを栽培。
(3)雪と氷の世界である寒帯に住み，犬ぞりを使って狩りの生活をしていた。

得点UP
コーチ

学習日　　月　　日　得点　　点

4 世界の人々の生活と環境

スタート
ドリル　書き込み
ドリル❶　書き込み
ドリル❷　書き込み
ドリル❸　まとめの
ドリル

2 次のカードは世界各地で見られる特色ある住居である。このカードを見て，次の問い
に答えなさい。　✓ **チェック** P38 **1** ②，P39 **2**，**3** （(1)(2)各8点×5・(3)各6点×2　52点）

ア

玄関は厚い木の扉で，
窓は二重になってい
る。

イ

すぐに移動ができる
ように，組み立て式
になっている。

ウ

建物は日干しレンガ
で作られている。

(1)　寒い土地と高い土地で見られる住居を，
上のア～ウのカードから選んで，記号を書
きなさい。

　　　　・寒い土地…　　　　　　　　　

　　　　・高い土地…　　　　　　　　　

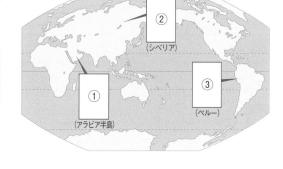

②（シベリア）

①（アラビア半島）

③（ペルー）

(2)　右の地図の □ ①～③に，カードを入れる
としたら，上のどのカードがよいか。カー
ドの記号を書きなさい。

①　　　　　　　　　②　　　　　　　　　③　　　　　　　　　

(3)　上のカードを見て，次の問いに答えなさい。

必出

①　アの写真の住居があるまわりには針葉樹林帯がある。この樹林帯の呼び名をカタカ
ナ三字で書きなさい。　　　　　　　　　

②　ウの写真の住居に住む人が荷物の運搬に利用している動物の名前を書きなさい。

　　　　　　　　　

- -

**得点UP
コーチ**

2 (1)写真から住居のつくりの特徴を観察
して考える。(2)①は乾燥していて，日差し
が強い地域。②は夏と冬の寒暖の差が激し

い地域。
③は材料となる樹木がはえにくい。
(3)①シベリアで見られる針葉樹林帯。

定期テスト 対策問題

世界のすがた / 日本のすがた / 世界の宗教と世界の気候 / 世界の人々の生活と環境

1 右の地図を見て，次の問いに答えなさい。

✓ チェック P4 **2**，P5 **3** ② (各5点×4　20点)

(1) 地図中の③の緯線の名を書きなさい。

(2) 地図中の⑥の経線は何度になるか。東経・西経をつけて答えなさい。

(3) モスクワは，東京から見てどちらの方位にあたるか。八方位で答えなさい。

(4) 地図中の都市のうち，東京から最も遠い位置にあるのはどれか。都市名を書きなさい。

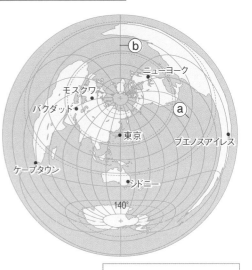

2 右の写真は，メッカに向かって礼拝をする人々のようすである。次の問いに答えなさい。

✓ チェック P28 **1**，P39 **2** ② (各5点×4　20点)

(1) 写真の人々が信仰している宗教を書きなさい。

(2) (1)の宗教で，信仰の対象となるただ一つの神を何というか，書きなさい。

(3) 写真の人々が，宗教上食べてはいけないのは何の肉か，書きなさい。

(4) 写真の人々の中には，羊などの家畜を連れて，草と水を求めて移動しながら育てる牧畜を行う人もいる。このような牧畜を何というか書きなさい。

3 右の地図と雨温図を見て，次の問いに答えなさい。

✅ チェック P29 **2**，P38 **1**，P39 **2**，**3** （各6点×10　60点）

(1) 右下の雨温図について，次の問い
に答えなさい。

① この雨温図にあてはまる気候帯
を書きなさい。

② この都市は高緯度だが，偏西風
の影響<small>えいきょう</small>であたたかい。この都市を
地図から選んで書きなさい。

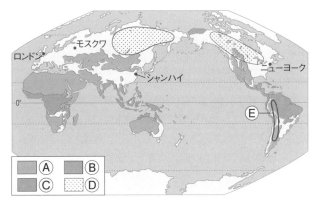

(2) 地図中の④の地域のうち，次の①，②の説明にあてはまる気
候区を書きなさい。

① 雨がほとんど降らないため草木が育たず，岩石や砂におお
われているところ。

② わずかに雨が降り，たけの短い草が生えるところ。

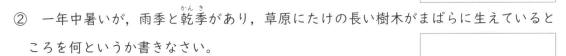

(3) 地図中の⑧の地域について，次の問いに答えなさい。

① 一年中暑く，雨が降るところにしげっている，森林を何というか書きなさい。

② 一年中暑いが，雨季と乾季<small>かんき</small>があり，草原にたけの長い樹木がまばらに生えていると
ころを何というか書きなさい。

(4) 地図中の©の地域について，次の問いに答えなさい。

① この地域に住む，先住民の名を書きなさい。

② この地域は，短い夏の間だけ雪や氷がとけて，草やこけ類が育つ湿地<small>しっち</small>が広がる。こ
れを何というか書きなさい。

(5) 地図中の⑩の地域に広がる，針葉樹林帯の名を書きなさい。

(6) 地図中の®の地域では，その気温は標高に影響される。このような気候を何というか
書きなさい。

51

5 アジア州

1 アジアの自然環境 ドリル P56

①**アジアの自然**…変化に富む自然。

- **中央部**…**ヒマラヤ山脈**，**チベット高原**が広がる。これらの山地から**長江**
  <u>このあたりを「世界の屋根」という</u>
  や**黄河**，**メコン川**，**インダス川**，**ガンジス川**などの大河が流れ，中下流には平野が広がる。
  <u>→稲作地帯</u>
- **西部**…アラビア半島や中央アジアに砂漠が広がる。
- **東部**…大陸の東側には日本列島，南東側には**多くの島々**。
  <u>→スマトラ島など</u>

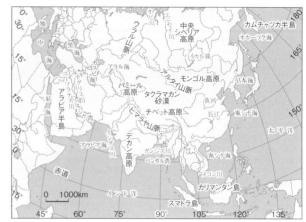

▲アジアの地形

②**気候**

- **大陸北部のシベリア**…寒帯や冷帯。
  <u>イルクーツクなど←</u>
- **西部や内陸**…**乾燥帯**。
  <u>→リヤドなど</u>
- **中央高地**…高山気候。
- **東部**…温帯。**季節風**により四季が明確。
  <u>→モンスーン</u>

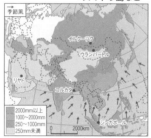

▲アジアの降水量 [矢印は夏の季節風]

- **インドシナ半島**，**インド半島**…熱帯，**雨季**と**乾季**がある。
  <u>インド洋からの湿った風の影響</u> <u>→大陸からの乾燥した風</u>
- **赤道付近**…熱帯雨林気候では，一年中高温で雨が多く降る。
  <u>→シンガポールなど</u>

2 集中する人口と多様な文化 ドリル P58

①**人口**…世界の約６割の人口。特に**中国**，**インド**の人口が多い。
  <u>14.3億人←</u> <u>→13.7億人(2019年)</u>

- **中国**…人口の約９割が**漢族**。多数の少数民族が住む。
  <u>→多民族国家</u> <u>→漢民族ともいう</u>
- **東南アジア**…**華人**，インド系，西アジア系の人々が移り住
  <u>→中国系の人々</u>
  む■▶イスラム教，仏教，キリスト教などを信仰。

②**文化の様子**…人々の移動によって，多くの民族が入り交じる。

- **東アジア**…中国の影響■▶漢字。米を主食。はしを利用。
- **東南アジア**…中国やインドの影響が強い。
  <u>→ヒンドゥー教を伝えた</u>
- **西アジア**…**アラビア語**を用いる。**イスラム教**を信仰。

3 経済発展する中国とインド ［ドリル〉P60

①**中国の農業**…**北の畑作，南の稲作**
  └→小麦・だいず・とうもろこし

②**発展する中国の工業**…「世界の工場」。

- ●**経済特区**…シェンチェン，アモイなど。
  └→税金などが優遇され，外国企業が集まる
- ●**労働力**…農村からの出かせぎ。
  └→安くて豊富 └→内陸部と沿岸部の経済格差の問題
- ●**ペキン**…ハイテク産業や情報産業。
  └→首都，政府機関や大学が集中
- ●**環境問題**…急速な工業化が原因。
  └→大気汚染，水質汚染，土壌汚染

③**インドの工業の成長**

- ●欧米の情報専門会社が進出し，**情報通信**
  おうべい

  技術(ICT)産業が成長■》技術者の育成に国や州が援助。
  └→英語や数学の教育がさかん   えんじょ

④**台湾の工業**…コンピューターや半導体などのハイテク産業。
  たいわん └→アメリカのシリコンバレーで働いていた人々が台湾にもどり，新しく会社をつくったことで発展

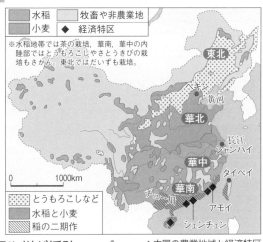

凡例：水稲／小麦／牧畜や非農業地／◆ 経済特区

※水稲地帯では茶の栽培，華南，華中の内陸部ではとうもろこしやさとうきびの栽培もさかん。東北ではだいずも栽培。

東北／ペキン／黄河／華北／長江／シャンハイ／華中／タイペイ／チュー川／華南／アモイ／シェンチェン

0　1000km

とうもろこしなど／水稲と小麦／稲の二期作

▲中国の農業地域と経済特区

4 東南アジアと朝鮮半島 ［ドリル〉P62

①**東南アジアの国々**…**稲作のさかんな地域**■》農村の近代化。
  ちょうせん └→世界有数の米の輸出国であるタイなど

- ●**おもな輸出品**…機械類や原料を輸出している。
  └→インドネシアの石炭など
  - ・日本向けにえびの**養殖場**を建設。バナナの農園をつくる。
    ようしょく
    インドネシアやタイのマングローブが広がる海岸← └→フィリピン
- ●**進む工業化**…外国の企業を受け入れ，工業化をはかる。
  きぎょう
  - ・**アジアNIES**…せんい製品や電子部品を欧米や日本に輸出。
    ニーズ └→韓国・台湾・ホンコン・シンガポール
    アセアン
  - ・**ASEAN諸国**…アメリカ，日本などの企業の受け入れ。
    └→タイ・インドネシア・マレーシアなど，東南アジア諸国連合

②**朝鮮半島の国々**…北緯38度の緯線で南北に分断。
  ちょうせん ほくい

- ●**大韓民国(韓国)**…資本主義国■》政府の積極的な政策で急
  だいかんみんこく └→首都ソウル(人口集中が激しい)
  速に工業化。**アジアNIES**の一つ。
  └→新興工業経済地域
- ●**朝鮮民主主義人民共和国(北朝鮮)**…社会主義国■》工場や
  └→首都ピョンヤン，日本と正式な国交がない国
  農場を集団化し，国の計画によって生産。

5 西アジアと中央アジアの国々 ［ドリル〉P64

①**西アジアの国々**…**石油**の宝庫で石油を輸出。

- ●**石油輸出国機構(OPEC)**などで結びつく。
  オペック
- ●**ドバイ**…世界の金融会社が集まり発展。
  きんゆう └→アラブ首長国連邦の最大の都市

②**中央アジアの国々**…標高が高く，乾燥帯。
  └→ソビエト連邦解体時に独立した国が多く，イスラム教を信仰

- ●石炭や石油，天然ガス，希少金属(**レアメタル**)などを輸出。
- ●**シルクロード**などの歴史的遺産が多く，観光客も増加。
  └→「絹の道」とも呼ばれる

▲ドバイ

覚えると得

インドの農業地域

ガンジス川中・下流，インド東部…稲作。インダス川中流…小麦。ガンジス川河口部…ジュート(黄麻)。デカン高原…綿花。
                                こうま

スラム

低所得の人々が生活する生活環境の悪い住宅地。農村の機械化により職を失った人々などが都市に集まり形成する。

プランテーション

植民地時代につくられた，特定の商品作物を大量に生産する大農園。1960年代からは油やしの栽培。
                        さい
                        ばい

スタート
ドリル

アジア州

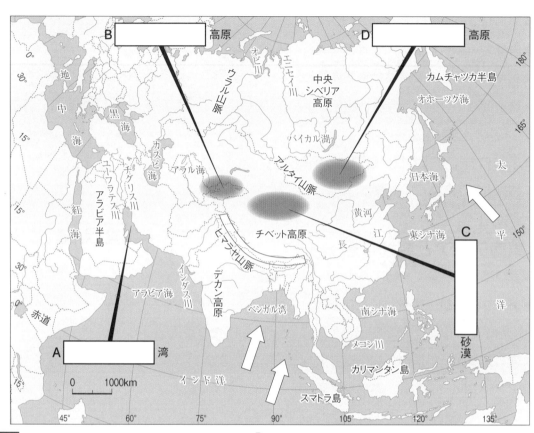

1 【アジアの自然】次の通り地図にかき込み，問いに答えなさい。

✓ **チェック** P52 **1** ① (各6点×8　48点)

(1)　 🖊 地図ワーク ヒマラヤ山脈をぬりつぶしなさい。

(2)　次の文の{ }の中から正しい語句を選んで書きなさい。

①　中央部には世界の屋根といわれるヒマラヤ山脈や{ デカン　　チベット }高原な

どが広がる。

②　①から長江，黄河，メコン川，{ インダス川　　ナイル川 }，ガンジス川などの大

河が流れ出している。

③　西部のアラビア半島や中央アジアには{ 熱帯雨林　　砂漠 }が広がっている。

(3)　地図中の□A〜Dにあてはまる地名を{ }の中から選んで書きなさい。

{ パミール　　ペルシャ　　モンゴル　　タクラマカン }

2 【アジアの気候】次の通り左の地図にかき込み，問いに答えなさい。

✓ チェック P52 **1** ② (各5点×2　10点)

(1) [地図ワーク] 地図中の⟹をぬりつぶしなさい。

(2) ⟹は夏の{ 偏西風（へんせいふう）　季節風 }の風向きを示している。この風の影響（えいきょう）で温帯に

属する日本では四季が明確な気候となり，熱帯に属するインドシナ半島では雨季と乾季（かんき）

が見られる。{ }の中から正しい語句を選んで書きなさい。

3 【中国】次の通り地図にかき込み，問いに答えなさい。

✓ チェック P53 **3** ② (各6点×4　24点)

(1) [地図ワーク] 中国の経済特区のうち，シェンチェン，アモ

イの場所を示した◇を黒でぬりなさい。

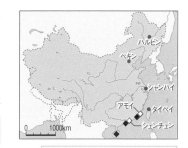

(2) 次の文の{ }の中から正しい語句を選んで書きなさい。

①　経済特区の目的は，外国から{ 企業（きぎょう）　移民 }を呼

ぶことである。

②　中国は世界の{ 工場　食料庫 }と呼ばれている。

③　急速な工業化により{ 大気汚染（おせん）　人口減少 }などの環境問題がおきている。

4 【東南アジア】次の通り地図にかき込み，問いに答えなさい。

✓ チェック P53 **4** ① (各6点×3　18点)

(1) [地図ワーク] タイを斜線(▨)でぬりなさい。

(2) タイは{ 米　小麦 }の輸出が世界有数の国である。

{ }の中から正しい語句を選んで書きなさい。

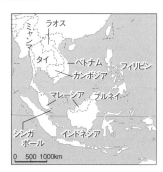

(3) タイなど10か国でつくる東南アジア諸国連合の略称（りゃくしょう）をアル

ファベットで書きなさい。

① アジアの自然環境

書き込み
ドリル

基本

1 次のそれぞれの文にあてはまる地名を，地図中から選んで書きなさい。

✓ チェック P52 **1** ① (各5点×5　25点)

必出(1) 世界最高峰のエベレスト山のある山脈。

(2) 中国の華中を流れる川。

(3) インドの「聖なる川」といわれる川。

(4) アラビア半島南部にある砂漠。

(5) インド半島の中央部に広がる高原。

▲アジアの地形

2 次の文の{ }の中から，正しい語句を選んで書きなさい。

✓ チェック P52 **1** (各5点×3　15点)

(1) 一年中高温で雨が多く降るシンガポール付近の気候区は{ 熱帯雨林気候　サバナ気候　温暖湿潤気候 }である。

(2) インドシナ半島やインド半島では，インド洋から吹く湿った風により雨が多く降る雨季と，内陸から吹く乾いた風により雨がほとんど降らない乾季がある。この風を{ 季節風　偏西風　貿易風 }という。

(3) 西アジアにある{ インド　アラビア　インドシナ }半島の中央部には砂漠が広がっている。

得点UP
コーチ

1 (1)高くて険しい山脈。(2)河口にはシャンハイなどの大都市がある。(4)サウジアラビアなどの国が属する。

2 (2)夏と冬で風の吹く方向が逆になる。
(3)イスラム教の聖地メッカがある。

発展

3 次の文の □ にあてはまる語句を書きなさい。

✔ **チェック** P52 **1** (各5点×5 25点)

(1) アジアの中央には，「世界の ①[   ]」といわれる

②[   ]山脈やチベット高原などが広がっている。それらの場所から

インドの「聖なる川」といわれる ③[   ]川や長江，黄河，メコン川な

どの大河が流れ出ている。
　　　　　　　　　　　　　　　　　　　　　チャンチアン　ホワンホー

(2) 大陸の西部は雨が少ない土地で ④[   ]半島や中央アジアでは砂漠

が広がっている。大陸の東側には ⑤[   ]列島があり，南東側にはフィ

リピン諸島などの島々が連なっている。

4 右の地図を見て，次の問いに答えなさい。

✔ **チェック** P52 **1** ② (各7点×5 35点)

(1) 次の都市の気候帯を{ }の中から選んで書きなさい。

{ 熱帯　　温帯　　冷帯　　乾燥帯 }

　　　① リヤド　[   ]

　　　② イルクーツク[   ]

　　　③ シンガポール[   ]

必出(2) 地図中の→は夏に海洋から吹く風を示している。夏

と冬で向きが変わる風の名を書きなさい。

[   ]

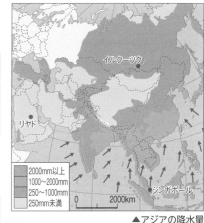

▲アジアの降水量

2000mm以上
1000〜2000mm
250〜1000mm
250mm未満

0　　2000km

(3) インドシナ半島などの沿岸地域では，(2)の風の影響で乾季と[   ]が見られる。

[   ]にあう語句を書きなさい。　　　　　　　　　　　　　　[   ]

**得点UP
コーチ**

3 (1)②世界で最も高いエベレスト山がある。③インドの東側を流れる。(2)⑤四つの大きな島からなる列島。

4 (1)リヤドのある半島では遊牧が見られる。イルクーツクは高緯度にある。シンガポールは赤道近くにある。
　　　　　　　　　　こう い ど

57

② 集中する人口と多様な文化

基本

1 次の文の{ }の中から，正しい語句を選んで書きなさい。

✓ チェック P52 **2** （各8点×4　32点）

(1) アジアには世界の約6割の人口が集まっている。その中でも中国と{　インド
サウジアラビア　韓国(かんこく)　}の人口が多い。

[　　　　　　　]

必出 (2) 中国は人口のうち約90%を{　漢　満州　ウイグル　}族で占(し)めるが，ほかに50
以上の少数民族も住む多民族国家である。

[　　　　　　　]

(3) 東アジアの漢字やはしを使う習慣は{　中国　インド　ヨーロッパ　}の影響(えいきょう)を受
けている。

[　　　　　　　]

(4) 東南アジアの国々にヒンドゥー教を伝えたのは{　アメリカ　インド　ヨーロッ
パ　}系の人々である。

[　　　　　　　]

2 右のグラフを見て，次の問いに答えなさい。

✓ チェック P52 **2** ① （各8点×4　32点）

(1) 次の国で，住民が最も多く信仰(しんこう)している宗
教の名を書きなさい。

①　タイ…………[　　　　　]

②　インドネシア[　　　　　]

③　フィリピン…[　　　　　]

(2) 仏教が発祥(はっしょう)したことで知られ，現在は国民
の約8割が牛を神聖な動物とする宗教を信仰
している。この国の名を書きなさい。

[　　　　　　　]

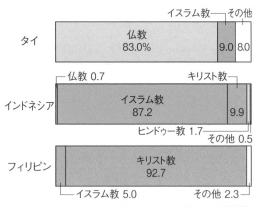

（データブック オブ・ザ・ワールド 2020版）

▲タイ・インドネシア・フィリピンの宗教

・・・

**得点UP
コーチ**

1 (1)南アジアにある国。
(3)日本も昔からこの国の影響を受けてい
る。

2 (1)①ミャンマーもタイと同じ宗教を信
仰。③フィリピンはかつてはアメリカの植
民地であった国。

発展

3 アジアの国々では，国ごとの人口増加だけでなく，一部の都市への人口集中も激しい。次の問いに答えなさい。

✓ チェック P52 **2** ① (各8点×3　24点)

(1) 上海の2010年の人口は約何人か。次の{　}の中から選んで書きなさい。

{　2千万人　　2百万人　　2億人　}

(2) ジャカルタの人口増加は，1985年以前の20年間と1985年以後の20年間では，どちらが大きく増加したか書きなさい。

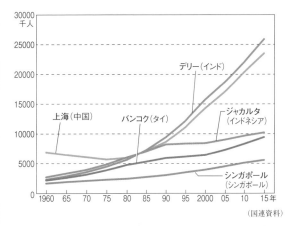

(3) 都市に人口が集中すると，貧しい人々があつまり，生活する地域が生まれる。このような地域を何というか書きなさい。

4 次の文を読んで，あとの問いに答えなさい。

✓ チェック P52 **2** ② (各6点×2　12点)

　アジア各地の文化は，他地域との交流を通じてはぐくまれてきた。中国やインドで発達した文明は東アジアや南アジアの各地域に大きな影響を与えた。また，西アジアで生まれたキリスト教や□□□教などの宗教や文化も，アジアとヨーロッパを結ぶ交易路を通じて各地に広まった。

(1) 文中の□□□にあてはまる宗教名を書きなさい。

(2) 下線部について，日本が中国から影響を受けたものを{　}の中から選んで書きなさい。

{　漢字　　ローマ字　　キリスト教　}

・・・・・・・・・・・・・・・・・・・・・・・・・・・・・・・・・

**得点UP
コーチ**

3 アジアの国々の人口増加だけでなく，一部の都市にも集中が進んでいることをおさえたい。

4 (1)西アジアで広く信仰されている。
(2)5世紀初めころに大陸からの渡来人によって伝えられたといわれる。

⑤ アジア州

③ 経済発展する中国とインド

基本

1 次の文の{ }の中から，正しい語句を選んで書きなさい。

✅ **チェック** P53 **3** （各7点×4　28点）

必出(1) 中国の農業地域の特色をまとめると北では畑作中心，南では{　稲作　酪農
果樹栽培　}中心である。

```
[                    ]
```

(2) 中国では，1980年代から外国企業を受け入れる{　経済特区　NIES　OPEC　}を
設けた。

```
[                    ]
```

(3) 1990年代に入り，インドでは経済政策を改め，外国企業を積極的に受け入れて
{　情報通信技術　金融　せんい　}産業が発達した。

```
[                    ]
```

(4) 台湾では，アメリカの{　国際連合　シリコンバレー　ウォール街　}で働いてい
た人がもどり，コンピューターや半導体などのハイテク産業がさかんになった。

```
[                    ]
```

2 次の文の　　　　にあう語句を，下の　　の中から選んで書きなさい。

✅ **チェック** P53 **3** ①② （各7点×4　28点）

(1) 中国の農業は，華中や華南では ①
```
[                    ]
```
がさかんであるが，黄河流
域の華北では ②
```
[                    ]
```
の栽培，東北地方では ③
```
[        ]
```
やだいずの栽培が行われている。西部では平野が少なく，乾燥しているので牧畜が行わ
れている。

(2) インドなどの南アジアでは，穀物の栽培がさかんである。また，デカン高原では
```
[                    ]
```
の栽培がさかんで，せんい産業を支えている。

| カカオ豆 | オリーブ | とうもろこし | 綿花 | 小麦 | 稲作 |

**得点UP
コーチ**

1 (1)中国の南部は温暖で降水量も多い。
(3)現在，最先端にある産業。
(4)サンフランシスコ郊外にある。

2 (1)①②中国の北部の気候は，南部に比べて冷涼である。(2)インドには茶の産地も多い。

| 学習日 | 月 | 日 | 得点 | 点 |

発展

3 右の地図やグラフを見て，次の問いに答えなさい。

✅ チェック P53 **3** ①② (各7点×4　28点)

(1) グラフ**A**，**B**は，それぞれ，地図中の**A**，**B**の農産物の国別生産割合を示している。**A**，**B**にあてはまる農産物名を{　}から選んで書きなさい。

{　小麦　　とうもろこし　　米　}

A

B

必出 (2) 中国の穀倉地帯といわれるのは，**C**の河川の下流域である。この河川の名前を書きなさい。

(3) 地図中の◆印は，税金を安くしたりして，外国の工場の建設を認めている地域である。このような地域を何というか。その名称を書きなさい。

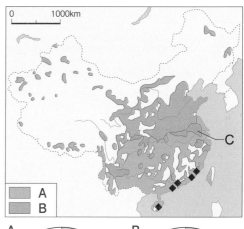

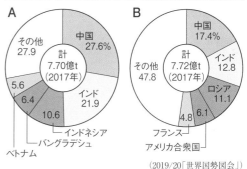

（2019/20「世界国勢図会」）

4 次の文の　①，②にあてはまる語句を書きなさい。

✅ チェック P53 **3** ③ (各8点×2　16点)

インドは1990年代に入り，政策を改め，　①　産業を中心に急成長している。この成長を支えているのは，　②　水準の高さであるといわれている。

①　　　　　　　　　　②

- -

得点UP コーチ

3 (1)年二回米を収穫する二期作がさかんな地域もおさえておこう。

4 ②特に数学と英語の水準が高い。

61

5 アジア州

④ 東南アジアと朝鮮半島

1 次の文の{ }の中から，正しい語句を選んで書きなさい。

✓ **チェック** P53 **4** (各7点×4　28点)

(1)　東南アジアのおもな輸出品は農産物などの作物から，{ 機械類　衣類　木材
類 } に変わってきている。

必出 (2)　{ シンガポール　ベトナム　ミャンマー }は台湾，ホンコン，韓国などととも
にアジアNIESと呼ばれている。

(3)　フィリピンでは日本向けの{ グレープフルーツ　オレンジ　バナナ }の農園が
つくられている。

(4)　北朝鮮と韓国を分けているのは北緯{ 36　38　40 }度の緯線である。

2 次の文の＿＿＿にあてはまる語句を，下の＿＿の中から選んで書きなさい。

✓ **チェック** P53 **4** ② (各7点×6　42点)

　北朝鮮は ① ＿＿＿＿＿国で，工場や農場は集団化され，政府による
② ＿＿＿＿＿に従って生産されている。日本と正式な国交のない国で，首都
は ③ ＿＿＿＿＿である。

　韓国は ④ ＿＿＿＿＿国で，政府の積極的な政策により，技術や資金を導入
して工業化をはかり，今では ⑤ ＿＿＿＿＿の一つとなっている。首都は
⑥ ＿＿＿＿＿である。

| 計画　OPEC　資本主義　ピョンヤン　ペキン　社会主義 |
| 新興工業経済地域　日本　ソウル　イギリス |

1 (1)東南アジアは工業化によって輸出品
目が変化した。(2)マレー半島の先端にある
国。(3)南の方でとれる果物。

2 ⑥首都に人口が集中したことで，農村
が高齢化する問題がおきている。

発展

3 右の地図を見て，次の問いに答えなさい。

✓ チェック P53 **4** ① (各6点×5　30点)

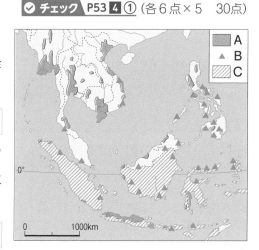

(1) 地図中の**A**は，この地域の人々の主食となる農作物のおもな栽培地を示している。この農作物名を書きなさい。

(2) 地図中の**B**は，大規模な油やしやココやしの栽培地である。油やしのような特定の作物を大量に生産する大農園を何というか。呼び名をカタカナで書きなさい。

(3) 地図中の**C**の国について次の問いに答えなさい。

① 次の文の □ ⓐ，ⓑにあてはまる語句を{ }の中から選んで書きなさい。

> この国の ⓐ の広がる海岸では，日本向けの ⓑ の養殖場がつくられている。

{ 熱帯雨林　うなぎ　さんご礁　マングローブ　えび }

ⓐ 　　　　　　　　　ⓑ

② この国の日本への輸出品の割合のグラフを，次の**ア**～**ウ**から選んで記号を書きなさい。

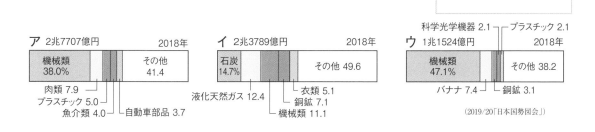

ア 2兆7707億円　　2018年

| 機械類 38.0% | その他 41.4 |

肉類 7.9 ─
プラスチック 5.0 ─
魚介類 4.0 ─└ 自動車部品 3.7

イ 2兆3789億円　　2018年

| 石炭 14.7% | その他 49.6 |

液化天然ガス 12.4 ─
└ 機械類 11.1
─ 銅鉱 7.1
─ 衣類 5.1

ウ 1兆1524億円　　2018年

科学光学機器 2.1 ─ プラスチック 2.1

| 機械類 47.1% | その他 38.2 |

バナナ 7.4 ─└ 銅鉱 3.1

(2019/20「日本国勢図会」)

得点UP コーチ

3 (1)日本人の主食でもある。

(2)油やしからは，食用のパーム油がとれる。

(3)①ⓐ熱帯の海岸ぞいに茂る植物。

②鉱産資源に注目。

5 アジア州
5 西アジアと中央アジアの国々

基本

1 次の文の{ }の中から，正しい語句を選んで書きなさい。

✓ チェック P52 2 ②，P53 5 （各4点×4　16点）

(1) 西アジアの大半の国は{ フランス　アラビア　ヒンディー }語を使い，イスラム教徒が多い。

```
┌─────────────────┐
│                 │
└─────────────────┘
```

必出 (2) 西アジアの多くは石油の産油国で，{ ASEAN　OPEC　NIES }という組織をつくって結びついている。

```
┌─────────────────┐
│                 │
└─────────────────┘
```

(3) 中央アジアの国々は標高が高く，おもに{ 温暖　乾燥した　暑い }気候である。

```
┌─────────────────┐
│                 │
└─────────────────┘
```

(4) 中央アジアでは{ イスラム教　仏教　キリスト教 }を信仰する人が多い。

```
┌─────────────────┐
│                 │
└─────────────────┘
```

2 次の文の ［　　　］ にあてはまる語句を．下の ［　　］ の中から選んで書きなさい。

✓ チェック P53 5 （各6点×6　36点）

(1) 西アジアの国々では ①［　　　　　　　　　　　　　　］ の輸出で得た資金を使って，

②［　　　　　　　　　　　　　　］ の発展や生活基盤の整備を進めている。

(2) アラブ首長国連邦の最大の都市である ①［　　　　　　　　　　　　　　］ は，世界の

②［　　　　　　　　　　　　　　］ 会社が集まり，発展している。

(3) 中央アジアの国々は ①［　　　　　　　　　　　　　］ 解体後に独立した国が多く，石炭や石油，天然ガスや ②［　　　　　　　　　　　　　］ などの鉱産資源を輸出している。

```
┌─────────────────────────────────────────────────────┐
│  リヤド    石油化学工業    ドバイ    レアメタル    金融    ダイヤモンド   │
│                                                                         │
│  メッカ    せんい工業    先端技術産業    ソビエト連邦    石油           │
└─────────────────────────────────────────────────────┘
```

得点UP
コーチ

1 (1)西アジアにある半島名に注目。
(3)アラル海周辺では砂漠化が進んでいる。
(4)西アジアとのつながりが深い。

2 (1)①西アジアの鉱物資源に注目。
②産業に関すること。(2)①ペルシャ湾に面した都市。(3)①ロシア連邦になる前の国。

発展

3 右の地図を見て，次の問いに答えなさい。

✔ **チェック** P53 **5** (各6点×8　48点)

(1)　Aの半島とBの湾の名前を書きなさい。

A

B

(2)　▨で示されているCの国の国名を書きなさい。

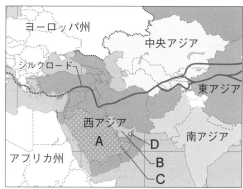

(3)　地図中の中央アジアについて，次の文を読んであとの問いに答えなさい。

中央アジアは標高が　ⓐ　，乾燥した気候で，石油や石炭などの資源にめぐまれている。この地域にある多くの国々は，　ⓑ　連邦が解体したときに独立した国が多い。この地域には，ⓒ古くからの交通路が通っていたため，歴史的遺産も多く，訪れる観光客も増えている。

①　ⓐ，ⓑにあてはまる語句を書きなさい。

ⓐ　　　　　　　　　　　ⓑ

②　下線部ⓒの交通路の名前をカタカナで書きなさい。

(4)　右の写真は，地図中のDの都市である。この都市について，次の問いに答えなさい。

①　この都市はアラブ首長国連邦の最大の都市である。この都市名を書きなさい。

②　この都市には世界の□□□会社や貿易会社が集まり，ビジネスの中心として発展している。また，近年は観光業に力を入れている。□□□にあてはまる語句を書きなさい。

得点UP コーチ

3 (1)A中央部が砂漠となっている半島。B沿岸には石油の油田が多い。
(3)②「絹の道」ともいわれる。

(4)巨大な人工島をつくるなど，大規模なリゾート開発を行っている。

65

⑤ アジア州

アジア州

1 右の地図を見て，次の問いに答えなさい。

✓ チェック P52 1, P53 5 ① (各5点×11 55点)

必出 (1) 地図中のAの山脈名を書きなさい。

必出 (2) Bの高原名を書きなさい。

(3) 地図中のC・Dのそれぞれの河川名を書きなさい。

C

D

(4) 地図中の都市から冷帯に位置する都市を選んで，都市名を書きなさい。

(5) 地図中の➡は，ある時期のおもな風向きを示している。①その季節と②風の名称(めいしょう)を書きなさい。 ① ②

(6) 地図中Eの半島について，次の問いに答えなさい。

① この半島名を書きなさい。

② この半島は何という気候帯に位置しているか。気候帯名を書きなさい。

③ 次の文の ☐ ア，イにあてはまる語句を書きなさい。

> この半島にあるサウジアラビアをふくめた西アジアには ☐ ア ☐ の輸出国が多く，輸出国は ☐ イ ☐ という組織をつくって価格の決定を行っている。

ア イ

- -

得点UP コーチ↗

1 (1)8000m級の高い山々のある山脈。
(3)Cインドの国名の由来になった川。
(4)冷帯気候は高緯度(こういど)の地域に見られる。

(5)季節によって風向きのかわる風。地図中では海洋から大陸に向かって吹(ふ)いている。
(6)②樹木や草が生えない気候。

2 右の地図を見て，次の問いに答えなさい。

✓ **チェック** P52 **2**，P53 **3** ①②③，**4** ①② (各5点×9　45点)

(1)　地図中の　　　は，この地域の人々が主
食としている農作物の栽培地を示してい
る。この農作物名を書きなさい。

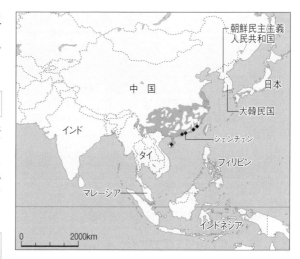

(2)　地図中の◆は，中国が高度な技術や資
金を得る目的で，外国企業を受け入れる
ことを認めた地域である。この地域の名
称を書きなさい。

(3)　次の文にあう国を地図中から選び，国名を書きなさい。

①　日本向けのバナナを多く栽培している，キリスト教徒の多い国。

②　人口のたいへん多い国で，人口の約9割を占める漢族と50以上の少数民族でなる多
民族国家。

③　世界でも人口の多い国で，近年，欧米の情報会社が進出するなど，情報通信技術産
業が発達し，急速に経済発展をしている国。

④　朝鮮半島にある社会主義国家。

(4)　地図中のタイとインドネシアの住民が多く信仰している宗教名をそれぞれ書きなさい。

タイ…　　　　　　　　　インドネシア…

必出 (5)　中国で行われていた「一人っ子政策」とはどんな政策か。簡単に説明しなさい。

・・・

**得点UP
コーチ**

2 (1)日本でも中心的につくられている農
作物。(2)シェンチェンやスワトウなど。
(3)④国連には加盟しているが，日本とは国

交がない国。
(5)人口の抑制のために行われていた。

6 ヨーロッパ州

1 ヨーロッパの自然 ドリル▶P72

①位置と地形

- **位置**…ユーラシア大陸の西部。日本より**高緯度**（こういど）。
  └→北部では夏至（げし）のころ白夜（びゃくや）が続く

- **地形**…中央部に**アルプス山脈**，南部に**ピレネー山脈**，北部に**スカンディナビア半島**。中央の平野に
  └→大西洋岸にフィヨルド。冷帯気候
  ライン川。東部に**東ヨーロッパ平原**。
  └→水量が多く，水運に利用。国際河川   └→冷帯（亜寒帯）気候

②気候

- **大西洋沿岸**…比較的（ひかくてき）温暖な気候。暖流の**北大西洋**
  └→西岸海洋性気候
  海流と**偏西風**が寒さをやわらげる。
  └へんせいふう

- **地中海沿岸**…夏に**高温**で**乾燥**（かんそう）し，冬に**温暖**で**降水量**が多い。
  └→地中海性気候

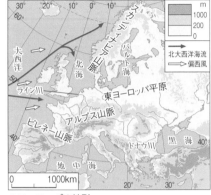

▲ヨーロッパの地形

2 ヨーロッパの文化 ドリル▶P74

①ヨーロッパの言語…おおまかに三つに分けられる。

- ・**ゲルマン系言語**   ・**ラテン系言語**   ・**スラブ系言語**
  └→北西部。英語やドイツ語   └→南部。フランス語やイタリア語   └→東部。ロシア語やポーランド語

②キリスト教の伝統や風習…ヨーロッパに共通する文化の一つ。

- **都市や農村の中心部に教会**
  …日曜日には人々が礼拝。
  └れいはい

- **キリスト教に関連した祝日**
  …クリスマス・復活祭。
  └→イースターともいう

- **イスラム教を信仰する人の**
  └→1960年代以降   しんこう
  増加■▶アフリカやトルコなどから労働者の移住が増加。

▲キリスト教の宗派

キリスト教
■プロテスタント
■カトリック
□正教会
■イスラム教
□その他

3 ヨーロッパの産業 ドリル▶P76

①工業

- **ルール地方**…豊富な石炭と輸入する鉄鉱石が，ライン川の
  └→内陸部。現在の工業の中心は沿岸部へ移動
  水運で結びつく。ヨーロッパを代表する工業地域。

- **ユーロポート**…ヨーロッパの**玄関**（げんかん）■▶製油所や石油化学工業。
  └→オランダのロッテルダムに建設された港湾地区

- **先端技術（ハイテク）産業**…航空機や医薬品など。
  └せんたん ぎ じゅつ └→1980年以降   └→フランスのトゥールーズ

覚 え る と 得

キリスト教の宗派
キリスト教の宗派は大きく三つに分けられる。ヨーロッパの南部ではカトリック，北部ではプロテスタント，東部では正教会が多い。その分布は地域的なまとまりを持っている。

言語が共存する国
ベルギーではオランダ語を話す人々とフランス語を話す人々が共存している。スイスではスイス語がないので，ドイツ語（人口の3分の2）とフランス語，イタリア語，ロマンシュ語が公用語である。

② **農業**…地域によって異なる。

● **混合農業**…ヨーロッパ北西部や東部。作物の栽培と，豚
　　　　　　　　　　　　　　　　　↳小麦やライ麦←
や牛などを中心とした**家畜**の飼育を組み合わせた農業。
　　　　　　　↳か ちく　　　　　　　　　　↳現在は，一方の経営をする農家も多い←

● **地中海式農業**…イタリアなどの地中海沿岸。乾燥す

る夏にオリーブ・ぶどう・オレンジなどを，温暖で

降水量が多い冬に小麦を栽培する。

● **酪農**…北部やアルプスでさかん。牧草などの飼料を
　　↳らくのう　　↳デンマークなど　↳スイスなど
栽培して**乳牛ややぎ**などを飼育。
　　　　　↳生乳やバターやチーズなどの乳製品を生産←

● **フランス**…国土の約52%が**農地**■➡**EUの穀倉**といわれる。
　　　　　　　　　　　　↳2016年　　　↳小麦などの農産物をEU諸国に輸出←

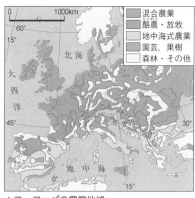
▲ヨーロッパの農業地域

凡例：混合農業／酪農・放牧／地中海式農業／園芸，果樹／森林・その他

4 ヨーロッパの統合 ドリル P78

① **EUの誕生**…加盟国27か国。
　　　　　　　　↳本部はブリュッセル　↳2020年にイギリス離脱
● **ねらい**…資源や労働力を有

効に利用し，アメリカ合衆

国などに経済的に**対抗**する。
　　　　　　　　　　↳たいこう
● **統合のあゆみ**…1967年，E
　　　　　　　　　↳ヨーロッパ共同体
Cが発足■➡1993年，EU
　　　　　　　　　　↳ヨーロッパ連合←
に発展。

● **内容**…物資や資本・労働力
　　　　↳国境をこえた技術協力（国際分業）
の自由な移動。2002年に共通通貨（ユーロ）を導入。国境を

こえた移動交通網の整備。
　　　　　↳もう　　↳ロンドン-パリを結ぶユーロスターなど

② **環境問題への取り組み**…持続可能な社会をめざす。
　↳かんきょう　　↳EU内でも酸性雨，ライン川の汚染（おせん）問題などの環境問題がある→各国の協力によって改善
● **ドイツ**…リサイクルの先進国。**パークアンドライド方式**。
　　　　　　　　　　　　　　　　↳自動車の利用を減らすための取り組み
● **オランダ**…自転車の利用を進め，自動車の排出ガスを削減。
　　↳オランダは低地が多い　　↳自転車専用道路の整備など　↳はいしゅつ　↳さくげん
● **デンマーク**…風力発電やバイオマス発電の推進。
　　　　　　　　　　↳再生可能エネルギーの利用

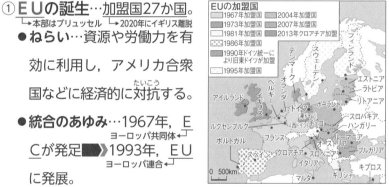
▲EUの加盟国（2020年イギリス離脱）
※EU発足（1993年）以前はECの加盟国

EUの加盟国：1967年加盟国／1973年加盟国／1981年加盟国／1986年加盟国／1990年ドイツ統一により旧東ドイツが加盟／1995年加盟国／2004年加盟国／2007年加盟国／2013年クロアチア加盟

5 ロシア連邦 ドリル P80
　↳れんぽう
　↳1991年　ソビエト連邦が解体し，ロシア連邦と11の共和国に分かれた。
● **国土と自然**…ステップの草原から**北極海沿岸**のツンドラ。
　　↳ウラル山脈をはさんでヨーロッパとアジアにまたがる。面積は日本の約45倍
● **人口**…約1.4億人。**スラブ系**のロシア人が約8割を占める。
　　　　　　　　　　　　↳宗教はキリスト教の正教会が中心　　　　　↳し
● **産業**…南西部には**肥沃**な土地が広がる■➡**黒土地帯**。中央
　　　　　　　　　↳ひよく　　　　　　↳小麦の大規模な栽培←
部には**タイガ**■➡木材資源として活用。鉱産資源が豊富。
　　　↳広大な針葉樹林　　　　　　↳石油や天然ガスをパイプラインを使ってヨーロッパへ←
● **シベリア開発**…**シベリア鉄道**が大きな役割を果たす。
　　　　　　　　　　↳モスクワとウラジオストクを結ぶ

覚えると得

EU加盟国間で行われていること

○輸入品に関税がかからない。
○パスポートなしで，移動できる。
○製品の規格が同じなので，どこの国でも使える。
○仕事の資格が共通。

パークアンドライド方式

ドイツのフライブルクなどで行われている。自動車を郊外に駐車（パーク）させて，路面電車などの公共交通機関に乗り換え（ライド）させて，人々を市の中心に入れる。
↳こうがい　↳ちゅうしゃ　↳の　↳か

EUの経済格差

一人あたりの国民総所得（GNI）は東・西ヨーロッパ諸国間で最大10倍以上の差がある。

69

ヨーロッパ州

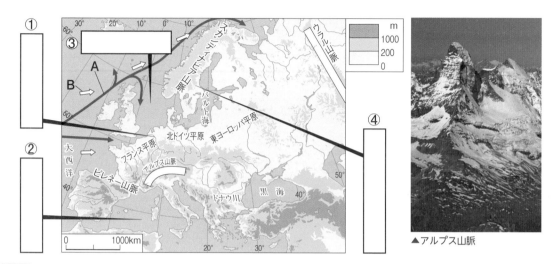

▲アルプス山脈

---

1 【ヨーロッパの地形】次の通り地図にかき込み，問いに答えなさい。

✓ チェック P68 **1** ① (各6点×6　36点)

(1) 地図ワーク ヨーロッパの中央部にあって，東西に連なるアルプス山脈に色をぬりなさい。

(2) アルプス山脈やピレネー山脈の北側には広い{　平野　　砂漠　}が広がっている。{　}
の中から正しい語句を選んで書きなさい。

(3) 地図中の[　　]①～④にあてはまる地名を{　}の中から選んで書きなさい。

{　スカンディナビア半島　　北海　　地中海　　ライン川　}

---

2 【ヨーロッパの気候】次の通り地図にかき込み，問いに答えなさい。

✓ チェック P68 **1** (各6点×4　24点)

(1) 地図ワーク 日本では秋田県を通る北緯40度の緯線をなぞりなさい。

(2) ヨーロッパの国々の多くは日本と比べて{　高緯度　　低緯度　}に位置している
が，気候は日本と同じく温帯に位置している。{　}の中から正しい語句を選んで書きな
さい。

(3) ヨーロッパの気候が温暖な気候であることに影響を与えているAの海流とBの風の名
を，下の{　}の中から選んで書きなさい。

{　季節風　　偏西風　　黒潮　　北大西洋海流　}

A [　　　　　　　]　　　　　　B [　　　　　　　]

70

3 【ロシア連邦】次の通り左の地図にかき込み，問いに答えなさい。

✔ チェック P69 **5** （各5点×2　10点）

(1) [地図ワーク] ロシア連邦内にあるウラル山脈に色をぬりなさい。

(2) ウラル山脈はなだらかな山脈でヨーロッパと{　アジア　　アフリカ　}を分けている

山脈である。{　}の中から正しい語句を選んで書きなさい。 [　　　　　]

4 【ヨーロッパの宗教】次の通り地図にかき込み，問いに答えなさい。

✔ チェック P68 **2** ② （各6点×3　18点）

(1) [地図ワーク] プロテスタントの地域を斜線（▨）で

ぬりなさい。

(2) 次の文の{　}の中から正しい語句を選んで書きなさい。

① ヨーロッパの国々で共通する文化の一つは{　キ

リスト教　　イスラム教　}の伝統や風習である。

[　　　　　]

② プロテスタントはヨーロッパの{　北部

南部　}に多い。

[　　　　　]

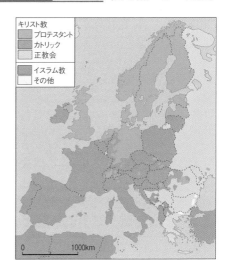

キリスト教
　プロテスタント
　カトリック
　正教会
イスラム教
その他

0　　　1000km

5 【ヨーロッパ連合】次の通り地図にかき込み，問いに答えなさい。

✔ チェック P69 **4** ① （各6点×2　12点）

(1) [地図ワーク] ＥＵの前身であるＥＣの最初の加盟

国であるフランス，旧西ドイツ，イタリア，オラ

ンダ，ベルギー，ルクセンブルクを斜線（▨）で

ぬりなさい。

(2) ＥＵは，2020年に{　イギリス　　イタリア　}

が離脱し，27か国となった。

[　　　　　]

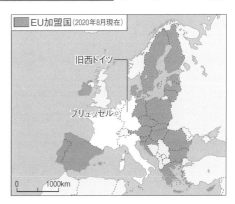

EU加盟国（2020年8月現在）

旧西ドイツ

ブリュッセル

0　　　1000km

1 ヨーロッパの自然

基本

1 次の文の{ }の中から，正しい語句を選んで書きなさい。

✓ チェック P68 1 （各4点×4　16点）

(1) ヨーロッパ州はユーラシア大陸の{　東　　西　　北　}に位置している。

(2) ヨーロッパ州の北部には，{　ピレネー　　アンデス　　スカンディナビア　}山脈がある。

(3) ヨーロッパの中央部を国際河川である{　ライン　　ナイル　　アマゾン　}川が流れている。水量が多くゆったりと流れているので，昔から水運に利用されてきた。

(4) 夏に暑く乾燥し，冬にやや雨が多いのが{　地中海　　バルト海　　北海　}沿岸である。

2 次の文の□にあてはまる語句を，下の□の中から選んで書きなさい。

✓ チェック P68 1 （各6点×5　30点）

ヨーロッパは，日本より高緯度にある。北緯66.6度をこえる北極圏やその近くでは，夏至のころ (1)□□□□□□と呼ばれる現象が見られる。中央部には，高くてけわしい (2)□□□□□□山脈があり，北部の大西洋岸には氷河によってつくられた，(3)□□□□□□と呼ばれる海岸地形が見られる。大西洋岸の気候は，沖合を流れる暖流の (4)□□□□□□海流と (5)□□□□□□の影響で，高緯度のわりには温和である。

┈┈┈┈┈┈┈┈┈┈┈┈┈┈┈┈┈┈┈┈┈┈┈┈┈┈┈┈┈┈┈┈┈
| 白夜　　氷河　　季節風　　偏西風　　アルプス　　北大西洋　　フィヨルド |
┈┈┈┈┈┈┈┈┈┈┈┈┈┈┈┈┈┈┈┈┈┈┈┈┈┈┈┈┈┈┈┈┈

得点UP コーチ

1 (1)ユーラシア大陸の東側には，アジア州がある。(4)ヨーロッパの南部に見られる気候である。

2 (1)太陽が沈まないため，夜になってもうす明かりのままである。
(5)一年中西から吹く風。

発展

3 右の地図を見て，次の問いに答えなさい。

✓ **チェック** P68 **1** ① (各8点×3 24点)

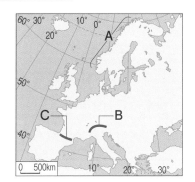

(1) 地図中のAには，氷河によってつくられた複雑な海岸地形が見られる。この海岸の地形名をカタカナで書きなさい。

[　　　　　　　　　]

(2) 地図中のBとCの山脈名を書きなさい。

B [　　　　　　　] 山脈

C [　　　　　　　] 山脈

4 次の文を読んで，あとの問いに答えなさい。

✓ **チェック** P68 **1** ② (各6点×5 30点)

　大西洋や北海の沿岸地域は ⓐ暖流と西から東に向かって吹く [①] の影響で，緯度が高いわりには温暖である。この気候は [②] 気候と呼ばれている。地中海沿岸の地域は ⓑ地中海性気候と呼ばれる気候で，東部の平原やスカンディナビア半島は寒冷で夏が短い冷帯（亜寒帯）気候になっている。

(1) [　　] ①，②にあてはまる語句を書きなさい。

① [　　　　　　　　]　② [　　　　　　　　]

必出(2) 下線部ⓐの暖流の名称を書きなさい。

[　　　　　　　　　]

(3) 次の文は下線部ⓑの気候のようすである。[　　] ③，④にあてはまる語句を{ }の中から選んで書きなさい。{ 雪　乾燥　凍結　雨 }

　夏は高温で [③] し，冬は比較的 [④] が多い気候である。

③ [　　　　　　　]　④ [　　　　　　　]

得点UP コーチ↑

3 (1)峡湾ともいう。氷河によってけずられたU字谷に，海水が入ったもの。

(2)Cはイベリア半島にある山脈。

4 (2)大西洋を北上する海流。

(3)この気候を利用してオリーブやぶどうなどのくだものが栽培されている。

書き込みドリル

2 ヨーロッパの文化

基本

1 次の文の{ }の中から，正しい語句を選んで書きなさい。

✓ チェック P68 2 (各7点×3　21点)

(1)　イギリスやドイツでくらす人々は{　ゲルマン系　　スラブ系　　ラテン系　}の言語

を使っている。

（答欄）

(2)　ヨーロッパに共通する文化の一つは{　キリスト　　イスラム　　ヒンドゥー　}教の

伝統や風習である。

（答欄）

(3)　ゲルマン系言語の人々がおもに信仰しているキリスト教は，{　プロテスタント

カトリック　　正教会　}である。

（答欄）

2 次の文の＿＿＿にあてはまる語句を，あとの＿＿の中から選んで書きなさい。

✓ チェック P68 2 (各6点×5　30点)

(1)　ヨーロッパの民族は，おおまかには使用している言語に基づいて構成され，それぞれ

の民族でまとまって国ができている。しかし，ベルギーではフランス語を話す人々と

① ＿＿＿＿＿＿＿＿＿語を話す人々が共存している。また，スイスではフランス語，

② ＿＿＿＿＿＿＿＿＿語，イタリア語，ロマンシュ語が公用語になっている。

(2)　ヨーロッパでは，広くキリスト教が信仰されている。都市や農村の中心部には

① ＿＿＿＿＿＿＿＿＿があり，② ＿＿＿＿＿＿＿＿＿になると礼拝に訪れる信者も

いる。ヨーロッパの国々には，③ ＿＿＿＿＿＿＿＿＿や復活祭などのキリスト教に関

連した多くの祝日がある。

オランダ	ドイツ	ロシア	ギリシャ	教会	モスク
日曜日	8月	クリスマス	きまり	七夕	

得点UP コーチ↑

1 (1)イギリスやドイツはヨーロッパの北の方にあることに注目。(3)正教会は，ギリシャやロシアで信仰されている。

2 (2)ヨーロッパの国は，世界に植民地を持ったため，キリスト教の文化と現地の文化が融合した。

発展

3 次の文を読んで，後の問いに答えなさい。

✓ チェック P68 **2** （各7点×7　49点）

　ヨーロッパは，自然やことば，文化などのちがいにより，北部と南部，西部と東部など
の地域に分けることができる。例えばドイツ語などの　①　系の言語を使う人々はヨーロッ
パの北部，イタリア語などの　②　系の言語は南部，ポーランド語などの　③　系の言語
は東部にかたまっている。しかしヨーロッパは<u>キリスト教がおもな宗教である</u>という共通
性を持っている。

(1)　上の文の　　①～③にあてはまる語句を書きなさい。

①

②

③

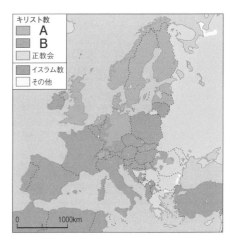

キリスト教
A
B
正教会
イスラム教
その他

0　　　　1000km

(2)　下線部について，右の地図はヨーロッパの宗教
　　の分布である。AとBにあうキリスト教の宗派の
　　名をカタカナで書きなさい。

A

B

(3)　下線部について，近年ヨーロッパでは，キリスト教以外のイスラム教を信仰する人々
　　が増えている。そのわけを述べた次の文の　　①，②にあう語句を，{ }の中
　　から選んで書きなさい。{　観光　　労働者　　アフリカ　　アメリカ　　ロシア　}

　　1960年代以降，ヨーロッパに　①　やトルコから，　②　として移住してくる人々
が増えているから。

①　　　　　　　　　　　　　　②

・・・

得点UP
コーチ

3 (1)ヨーロッパの言語は大きくスラブ
系，ゲルマン系，ラテン系に分けられる。
(2)Bローマ法王（教皇）を頂点とする宗派

で，旧教ともいわれる。
(3)①地中海をはさんで向かい側の地域。
②移住してくる目的から考える。

3 ヨーロッパの産業

基本

1 次の文の{ }の中から，正しい語句を選んで書きなさい。

✓ チェック P68・P69 **3** （各8点×3　24点）

(1)　1980年代以降，フランス南部のトゥールーズは，{　電子機械　　航空機　　医薬品　}生産の中心地として発展した。

（解答欄）

(2)　フランスの農地は，国土の{　約10%　　約20%　　約50%　}を占めている。

（解答欄）

(3)　フランスは，EU最大の農業国で，EU諸国に小麦などを大量に輸出しているので，EUの{　穀倉　　食料庫　　園芸農家　}と呼ばれている。

（解答欄）

2 ヨーロッパの農業地域を示した地図について説明した，次の文の{ }の中から，正しい語句を選んで書きなさい。

✓ チェック P69 **3** ② （各6点×5　30点）

必出 (1)　Aは①{　米　　小麦　　さつまいも　}などの食用作物と，飼料作物を栽培し，②{　豚　　カリブー　}などを飼育する混合農業である。

①（解答欄）　　　②（解答欄）

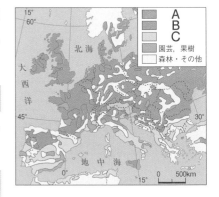

(2)　Bは牧草などの飼料作物を栽培し，乳牛を飼育する{　遊牧　　酪農　　養蚕　}である。

（解答欄）

必出 (3)　Cは夏にオリーブ・オレンジ・①{　ぶどう　　りんご　　おうとう　}を，冬に小麦を栽培する②{　北海　　バルト海　　地中海　}式農業である。

①（解答欄）　　　②（解答欄）

得点UP
コーチ↑

1 (1)EU各国の協力で設立したエアバス社がある。(2)フランスは大麦，なたね，てんさいの生産もさかんである。

2 (1)①おもに穀物やじゃがいもが栽培されている。
(3)①乾燥に強い果樹が栽培されている。

発展

3 右のグラフは3つの農産物の国別生産量の割合である。次の問いに答えなさい。

✓ **チェック** P69 **3** ② (各8点×4　32点)

(1) ヨーロッパの農業についての説明が正しければ○，まちがっていれば×を書きなさい。

① ぶどうの生産はヨーロッパ北部の国でさかんだ。

② ワインの生産はイタリアやスペインなどのヨーロッパの国々に加えて，アメリカ，中国などでもさかんである。

③ ヨーロッパで生産量の多いぶどうの栽培は，地中海性気候に適している。

	アメリカ 6.1			A 4.8	
小麦 (2017年)	中国 17.4%	インド 12.8	ロシア 11.1		その他 47.8

	アメリカ		A 8.0	
ぶどう (2017年)	中国 17.6	9.7	9.0	その他 48.4

イタリア ──　　　　　　　　　── スペイン 7.3

	イタリア	スペイン	A	アメリカ		その他
ワイン (2014年)	16.5	15.8	14.8	11.3		35.8

└── 中国 5.8

(データブック オブ・ザ・ワールド 2020 版)

(2) グラフのAの国は，EUの穀倉と呼ばれる国である。国の名を書きなさい。

4 ヨーロッパの工業について，次の問いに答えなさい。

✓ **チェック** P68 **3** ① (各7点×2　14点)

(1) Aはヨーロッパを代表する工業地域である。Aの地方名を書きなさい。

(2) Bはヨーロッパの玄関（げんかん）として建設され，EU最大の貿易港として発展した港湾（こうわん）地区の名を書きなさい。

	工業地帯・地域
○	おもな工業都市

0　　1000km

- -

**得点UP
コーチ**

3 (1)ワインはぶどうを原料にしてつくられる。

(2)フランスはEU最大の農業国。

4 (1)ドイツの西部にある。

(2)EUの共同港としてつくられた世界有数の貿易港。

④ ヨーロッパの統合

基本

1 次の文の{ }の中から，正しい語句を選んで書きなさい。

✅ **チェック** P69 **4** (各7点×3　21点)

(1)　ＥＵは1967年に，西ドイツ，{　フランス　　イギリス　　スペイン　}など6か国

でつくったＥＣが発展してできた組織である。

　　　　　　　　　　　　　　　　　　　　　　　　　　　[　　　　　　　　]

必出 (2)　2002年からＥＵ共通の通貨{　ポンド　　フラン　　ユーロ　}を流通させた。

　　　　　　　　　　　　　　　　　　　　　　　　　　　[　　　　　　　　]

(3)　パークアンドライド方式は自動車の{　都市部への流入　　郊外への流出　　国外への

流出　}を減らすために始められたものである。

　　　　　　　　　　　　　　　　　　　　　　　　　　　[　　　　　　　　]

2 次の問いに答えなさい。

✅ **チェック** P69 **4** ① (各6点×3　18点)

(1)　ＥＵについて，次の①，②の問いの答えを，下の　　　

の中から選んで書きなさい。

　①　ＥＵのもとになったＥＣを何というか。

　　　　　　　　　　　　[　　　　　　　　]

　②　ＥＵの正式名称は何というか。

　　　　　　　　　　　　[　　　　　　　　]

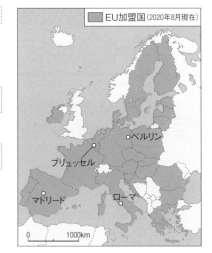

> ヨーロッパ条約機構　　　ヨーロッパ共同体
>
> ヨーロッパ経済共同体　　　ヨーロッパ連合

(2)　ＥＵの本部が置かれている都市を，地図中から選んで書き，その都市がある国名も書

きなさい。　　　都市名[　　　　　　　]　　国名[　　　　　　　]

- -

得点UP
コーチ↑

1 (1)ＥＣ発足後に加盟した国も入ってい
るので注意。(3)大気汚染や渋滞を減らすこ
とができる。

2 (1)①1967年にベネルクス三国(オラ
ンダ・ベルギー・ルクセンブルク)など6
か国で結成された組織。

発 展

3 次の問いに答えなさい。

✓ チェック P69 4 ② (各7点×3　21点)

(1)　ドイツなどのヨーロッパで問題となった地球環境問題を{　}の中から選んで書きなさい。

{　砂漠化　　酸性雨　　オゾン層の破壊　}

[　　　　　　　]

(2)　下の文は，ドイツのフライブルクで行われている自動車の利用を制限するための「パークアンドライド方式」の説明である。□①，②にあてはまる語句を書きなさい。

①[　　　　　　　]　　②[　　　　　　　]

> 　自動車を郊外に　①　させて，路面電車などの　②　機関に乗り換えさせ，人々を市の中心部に入れる方式である。

4 次の問いに答えなさい。

✓ チェック P69 4 ① (各8点×5　40点)

(1)　EUについて述べた文として正しいものに○を，まちがっているものに×をつけなさい。

①（　　）大部分の加盟国の間を，パスポートなしで移動できる。

②（　　）EUに加盟することにより，経済格差の問題は解消されている。

③（　　）デンマークやドイツなどは，再生可能エネルギーの利用が他国より遅れている。

(2)　EUについて述べた次の文の下線部を，正しい語句に直しなさい。

①　加盟国間では，輸出入品にかける税金である所得税をかけないことになっている。

[　　　　　　　]

②　EU内のどこの国でも使える共通通貨として，ECを流通させている。

[　　　　　　　]

- -

得点UP コーチ↑

3 (1)森林に被害が出た。

4 (1)EUは，経済的国境を取りはずし，将来は政治的国境も取りはらって，ヨーロッパとして，統一をめざしている。

(2)①おもに輸入品にかける税で，税関で徴収。②ヨーロッパ通貨単位の略称。

6 ヨーロッパ州

5 ロシア連邦

基本

1 次の文の{ }の中から，正しい語句を選んで書きなさい。

✓ **チェック** P69 **5** (各6点×5　30点)

(1) ロシア連邦は世界一大きい面積を持つ国で，日本の約{　2倍　　20倍　　45倍　}
の面積がある。

(2) ロシア連邦はヨーロッパとアジアにまたがる国で，その境は{　ウラル山脈　　オビ川
ライン川　}である。

(3) ロシアは{　ゲルマン　　スラブ　　ラテン　}系ロシア人が約8割を占める。

(4) ロシア連邦の自然は多様で，北の北極海沿岸には{　サバナ　　ステップ　　ツンド
ラ　}と呼ばれる地域が広がる。

(5) ロシア連邦の南西部には肥沃な土地が広がり，{　米　　小麦　　ぶどう　}などの大
規模な栽培が行われている。

2 次の文の◻︎◻︎◻︎にあてはまる語句を，下の◻︎◻︎の中から選んで書きなさい。

✓ **チェック** P69 **5** (各7点×3　21点)

ロシア連邦は ① ◻︎◻︎◻︎ が解体してできた国で，それまでの政府の計画
に基づく経済をやめて，自由な経済のしくみを取り入れ，産業の再編を行ってきた。ロシ
ア連邦は ② ◻︎◻︎◻︎ や天然ガスなどの鉱産資源が豊かで，21世紀に入り，
鉱産資源の輸出が増えたことで経済は豊かになった。② や天然ガスは，
③ ◻︎◻︎◻︎ を通してヨーロッパ諸国に輸出されている。

> 金　　ソ連　　自給自足　　運河　　シベリア鉄道　　石油　　パイプライン

**得点UP
コーチ↑**

1 (3)ヨーロッパの東部に多い民族。
(4)北極海沿岸は寒帯となっている。
(5)黒土地帯と呼ばれることもある。

2 ①社会主義国家であった。
③陸路で送っている。

学習日　　月　　日　得点　　　点

発展

3 右の地図を見て，次の問いに答えなさい。

✓ **チェック** P69 **5** （各7点×7　49点）

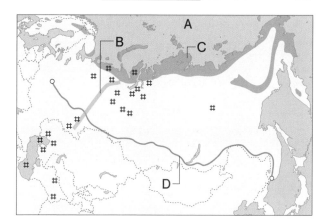

(1) 地図中のAの海とBの山脈の名前を書きなさい。

A ＿＿＿＿＿＿＿＿＿＿＿＿

B ＿＿＿＿＿＿＿＿＿＿＿＿

(2) 地図中のCは，やや雨が降り，夏にはたけの低い草が生える。このような地域を何というか書きなさい。

＿＿＿＿＿＿＿＿＿＿＿＿

(3) ロシア中央部に広がる針葉樹林帯を何というか。その名をカタカナで書きなさい。

＿＿＿＿＿＿＿＿＿＿＿＿

(4) ロシア南西部は穀物が大規模に栽培されている。この地域を説明した文として，正しいものを，次のア～ウから一つ選んで，記号を書きなさい。 ＿＿＿＿＿

ア　一年の大部分は土地が凍りついているが，夏にわずかにこけが生える。

イ　針葉樹林帯を切り開き，新しい工場や住宅が建設されている。

ウ　肥沃な土壌が広がり，小麦を栽培する穀倉地帯となっている。

(5) 地図中のDは，シベリア開発のために建設された，世界でもっとも長い鉄道である。この鉄道の名を書きなさい。 ＿＿＿＿＿

(6) 地図中の♯は石油の産出地を示している。この石油はヨーロッパに輸出されているが，どのような方法でヨーロッパまで運ばれるか，簡潔に書きなさい。

＿＿＿＿＿＿＿＿＿＿＿＿＿＿＿＿＿＿＿＿＿

- -

得点UP コーチ ↑

3 (4)作物に必要な肥料分が多くふくまれている黒っぽい土が分布し，主食となる穀物が栽培されている。

(5)モスクワ～ウラジオストクを結ぶ。

ヨーロッパ州

1 右の地図を見て，次の問いに答えなさい。

✓ **チェック** P68 **1** ②，**3** ①，P69 **4** ① (各5点×4　20点)

(1) 地図中のロンドンの気候に影響をあたえて
いる，①沖合を流れている暖流の名と②一年
中吹いている風の名を書きなさい。

①

②

必出 (2) 地図中に ▨ で示した地域の国々が，2020
年8月現在加盟している組織の名称を，アル
ファベットで書きなさい。

(3) 地図中のAにつくられた，ヨーロッパの玄関という意味の港湾地区の名称を書きなさい。

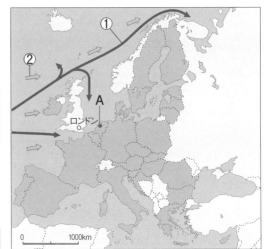

2 右のヨーロッパの農業地域を示した地図中のA～Cの農業名を，次の文を参考にして
書きなさい。　✓ **チェック** P69 **3** ② (各8点×3　24点)

必出 A　食用作物や飼料作物を栽培しながら，豚や肉牛を
飼育している。

B　牧草などの飼料作物を栽培し，乳牛を飼育している。

C　夏は乾燥に強いオリーブ・ぶどう・オレンジなど
を栽培し，温暖で降水量が多い冬は小麦を栽培して
いる。

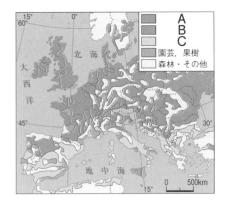

・・

**得点UP
コーチ**

1 (2)ヨーロッパ連合のこと。

(3)ライン川の河口につくられた，世界有数
の貿易港。

2 A食用作物や飼料作物の栽培と，家畜
の飼育を組み合わせる。B乳製品を生産す
る。C地中海沿岸でさかんである。

3 次の地図を見て，あとの問いに答えなさい。

✓ チェック P68 **1**①，**2**②，P69 **4**，**5**（各8点×7　56点）

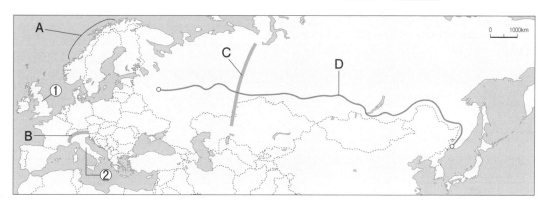

(1)　地図中の**A**で示した海岸には，氷河によってけずりとられてできた深い湾(わん)がある。このような湾の名称を{ }の中から選んで書きなさい。

{　フィヨルド　　海溝(かいこう)　　大陸棚(だな)　　リアス海岸　}

必出 (2)　地図中の**B**は，ヨーロッパの中央部を東西に連なっている山脈である。この山脈名を書きなさい。

(3)　地図中の**C**は，アジアとヨーロッパを分けている，低くてなだらかな山脈である。この山脈名を書きなさい。

(4)　地図中の**D**は，シベリアの開発のために建設された世界最長の鉄道である。この鉄道名を書きなさい。

(5)　地図中の①と②の国で信仰されているキリスト教の宗派は何というか。{ }から選んで書きなさい。　{　カトリック　　プロテスタント　　正教会　}

①　　　　　　　　　　　　　　　②

(6)　ヨーロッパ連合には，一人あたりの国民総所得が10倍以上ちがう国があるなど[ ]の問題がある。[ ]にあてはまる語句を書きなさい。

- -

得点UP
コーチ↑

3 (1)スカンディナビア半島の大西洋岸。　(5)①ヨーロッパの北部に多い宗派。

(2)ヨーロッパを代表する山脈。スイスなど　②ヨーロッパの南部に多い宗派。
の山国がある。

7 アフリカ州

1 アフリカの位置と自然 ドリル P88

①位置

- **構成**…**アフリカ大陸とマダガスカル島などの島々。**
  └→アジアに次いで広い面積。50以上の独立国→もっとも多い国の数
- **位置**…**紅海**をへだてたアジア州の西。地中海をへだてた
  ヨーロッパ州の南。赤道をはさんで南北約8000kmの範囲。

②地形

- 東部や南部に標高
  1000m以上の高
  原や台地。
  └→エチオピア高原など
- 東部には火山。
  キリマンジャロ山など
- 北部にサハラ砂漠。
  └→世界最大の砂漠
- ナイル川が北進。
  └→世界最長の川

③気候

- 赤道を境に南北に
  熱帯, 乾燥帯, 温帯。
- 赤道付近…熱帯雨
  └→コンゴ盆地やギニア湾など
  林。
- 熱帯雨林の外側…
  サバナやステップ
  └→野生動物が観光資源となる
  と呼ばれる草原。
- 草原の外側…砂漠。
  砂漠気候←
- 地中海沿岸や南端
  なんたん
  …温暖な温帯。

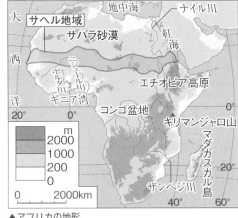

▲アフリカの地形

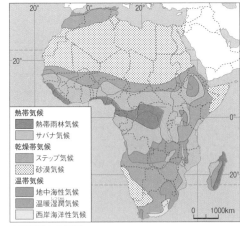

熱帯気候
- 熱帯雨林気候
- サバナ気候
乾燥帯気候
- ステップ気候
- 砂漠気候
温帯気候
- 地中海性気候
- 温暖湿潤気候
- 西岸海洋性気候

▲アフリカの気候

2 アフリカの歩みとくらし ドリル P90

①植民地による分割

- **奴隷貿易**…16〜19世紀にかけて, ヨーロッパ人がアフリ
  どれい
  カ人を奴隷として北と南のアメリカ大陸に連れさる。
  └→1000万人以上といわれる

覚えると得

サハラ砂漠

アラビア語で平坦な
へいたん
砂漠という意味。面
積が約907万km²で,
アフリカ全土の約3
分の1を占め, 世界
し
最大の砂漠である。

▲サハラ砂漠
ラクダに荷物を積んで運
ぶ商人もいる。

サヘルと砂漠化

アラビア語で「岸辺」
を意味するサハラ砂
漠の南の縁に広がる
ふち
半乾燥地域。この地
かんそう
域では雨は降るが不
安定で, かんばつが
発生しやすく, 耕地
としての生産性は低
い。そのため昔から
家畜の放牧が行われ
かちく
ていた。近年は過放
牧などによって砂漠
化が進んでいる。

- ●植民地…19世紀後半までにほとんどの地域がヨーロッパ
  └→エチオピアとリベリアを除く地域
  の国の植民地■▶植民地の境界は民族のまとまりを無視。
  └→いくつかの民族が一つの国にまとめられるなど→後の民族紛争につながる
- ●独立…第二次世界大戦後に独立。**1960年**は「**アフリカの年**」。
  └→多くの国が独立←
- ●**アパルトヘイト**…南アフリカ共和国の人種隔離政策。
  └→少数の白人が多数の有色人種(特に黒人)を差別。職業や居住地の制限。1991年まで続く

②独立後のアフリカ
  └→課題解決のために，2002年にアフリカ連合(AU)を設立

- ●**多くの民族が複雑に分布**…民族同士の**内紛**や**国境線**をめぐ
  └→国境によって分断   植民地時代の境界が国境←
  る争い。
- ●**政治や社会の不安定**…飢餓に苦しむ人々。紛争による**難民**。
  └→国連や非政府組織(NGO)などの支援(しえん)

③アフリカの文化

- ●**言語**…北部では**アラビア語**。南部は独自の言語。
  └→植民地時代に使われていた英語やフランス語が共通言語
- ●**宗教**…サハラ砂漠とその北部■▶**イスラム教**。それ以外は民
  族独自の宗教を信仰。植民地時代の影響で**キリスト教**も信仰。
- ●**文化**…多くの民族が独自の音楽やおどりをもつ■▶奴隷の
  子孫が南北アメリカで**ジャズ**や**サンバ**をつくりあげる。
  北アメリカ←   └→南アメリカ

3 アフリカの産業 ドリル▶ P92

①農業

- ●**各地の農業**…熱帯地域では**焼畑農業**。砂漠の周辺では**遊牧**。
  オアシスでは麦などを栽培。地中海沿岸では**地中海式農業**。
  └→なつめやし
- ●**ギニア湾のカカオ豆の栽培**…雨が多く，年中高温■▶**コー**
  チョコレートの原料← └→さいばい   生産量が多い←
  トジボワール，**ガーナ**。
- ●**プランテーション**農業…植民地時代に欧米の資本で開発。
  特定の作物をつくり，欧米に輸出←
  綿花，コーヒー，茶など。

②**豊富な鉱産資源**■▶重要な**輸出品**
  └→近年はレアメタル(希少金属)が注目→プラチナ・コバルト・クロムなど
  ・**ダイヤモンド**…ボツワナなど。
  └→コンゴ民主共和国・南アフリカ共和国の生産も多い
  ・石油…ナイジェリア。 ・銅…ザンビア。
  ・金…南アフリカ共和国。

③**モノカルチャー経済**
  └→特定の産物にたよる経済
- ●**特定の農産物や鉱産資源を輸出**…収入が不
  安定■▶気候や世界経済の影響など。
  └→えいきょう

覚えると得

AU(アフリカ連合)

2002年にアフリカ共通の課題を解決し，EUのような地域統合をめざす目的で結成された組織。

フェアトレード

公正な価格で生産物を買い，生産国のくらしを守ろうとする働き。

NGO

非政府組織の略。環境，平和，人権問題などに対して活動する民間団体のこと。

貧困と発展

サハラ以南のアフリカでは，4億人以上が極度の貧困でくらすといわれる(2015年)。一方で，ルワンダなどはICT(情報通信技術)に力を入れ，経済発展をとげている。

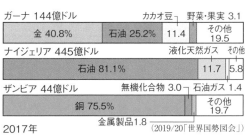

ガーナ 144億ドル		カカオ豆	野菜・果実 3.1
金 40.8%	石油 25.2%	11.4	その他 19.5

ナイジェリア 445億ドル		液化天然ガス	その他
石油 81.1%		11.7	5.8

ザンビア 44億ドル	無機化合物 3.0	石油ガス 1.4
銅 75.5%		その他 19.7

2017年 金属製品1.8 (2019/20「世界国勢図会」)
▲ガーナ・ナイジェリア・ザンビアの輸出品

85

スタート ドリル

アフリカ州

1 【アフリカの地形】次の通り地図にかき込み，問いに答えなさい。

✓ チェック P84 **1** ①② (各6点×7 42点)

(1) 地図ワーク ナイル川をなぞりなさい。

(2) 次の文の{ }の中から正しい語句を選んで
書きなさい。

① ナイル川はアフリカ大陸の東側を流れる
世界最長の川で，{ 地中海 ギニア
湾 }に流れ込んでいる。

② ナイル川の下流の西側には，世界最大の
{ タクラマカン サハラ }砂漠が広
がっている。

(3) 地図中の □ A～Dにあてはまる地名を{ }から選んで書きなさい。
{ エチオピア高原 マダガスカル島 コンゴ盆地 ニジェール川 }

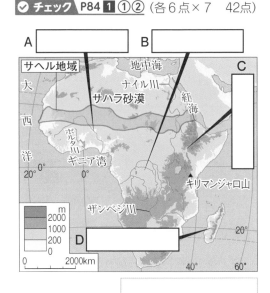

2 【アフリカの気候】次の通りに，アフリカの気候を示した地図にかき込み，問いに答
えなさい。

✓ チェック P84 **1** ③ (各6点×3 18点)

(1) 地図ワーク 赤道をなぞりなさい。

(2) 次の文の{ }の中から正しい語句を選んで
書きなさい。

① アフリカの気候は赤道をはさんで，南北
に熱帯，{ 乾燥帯 冷帯 }，温帯と順
に並んでいるのが特色である。

② 熱帯雨林の外側には{ パンパ サバ
ナ }と呼ばれる草原が広がっている。

熱帯気候
　熱帯雨林気候
　サバナ気候
乾燥帯気候
　ステップ気候
　砂漠気候
温帯気候
　地中海性気候
　温暖湿潤気候
　西岸海洋性気候

3 【アフリカの歩み】次の通りに，独立した年が書かれた地図にかき込み，問いに答えなさい。

✅ チェック P84・P85 **2** ① （各4点×4　16点）

(1) 「地図ワーク」右の地図の1960年を○で囲みなさい。

(2) 1960年に独立した国が多いため，1960年は
{ アフリカの年　　民主化の年 }といわれている。
{ }の中から正しい語句を選んで書きなさい。

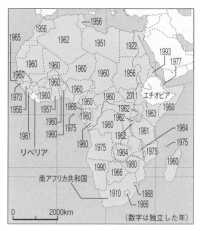

(3) 「地図ワーク」右の地図のエチオピアとリベリアを斜線（▨）でぬりなさい。

(4) 南アフリカ共和国では，{ フェアトレード　　アパルトヘイト }と呼ばれる人種隔離政策が行われていた。{ }の中から正しい語句を選んで書きなさい。

4 【アフリカの産業】右の各国の輸出の割合を示すグラフを見て，次の問いに答えなさい。

✅ チェック P85 **3** （各8点×3　24点）

(1) ナイジェリアで最も多く輸出されているものを書きなさい。

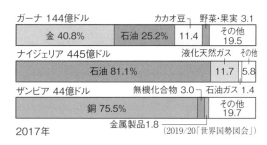

(2) 次の文の{ }の中から正しい語句を選んで書きなさい。

① ガーナではカカオ豆の輸出が多い。これは植民地時代に{ プランテーション農業　　混合農業 }として農園が開かれたからである。

② グラフのようにアフリカでは，特定の農産物や鉱物資源にたよっている国が多い。このような経済を{ 自由　　モノカルチャー }経済という。

7 アフリカ州

① アフリカの位置と自然

基本

1 次の文にあてはまるものを，右の地図中から選んで書きなさい。

✓ チェック P84 **1** ①② (各7点×4 28点)

必出(1) 世界一の長流で，北に向かって流れ，地中海に注いでいる。

[   ]

(2) 赤道付近にある盆地で，熱帯雨林がしげる。

[   ]

(3) 世界最大の砂漠で，平坦な砂漠という意味。

[   ]

(4) アフリカ州最大の島。島全体が一つの国になっている。

[   ]

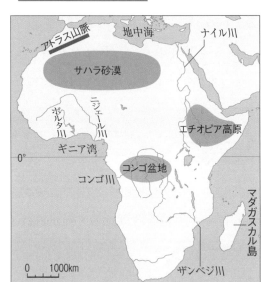

2 次の文の{ }の中から，正しい語句を選んで書きなさい。

✓ チェック P84 **1** ①② (各6点×3 18点)

(1) アフリカ州は地中海をへだててヨーロッパ州の{ 北 南 東 }にある。

[   ]

(2) アフリカ大陸には1000m以上の広大な高原と台地がある。大陸の東部には{ キリマンジャロ山 アルプス山脈 アトラス山脈 }がある。

[   ]

必出(3) サハラ砂漠の南側に広がる「岸辺」という意味の地域では，近年{ 植民地化 人口の減少 砂漠化 }が問題となっている。

[   ]

- - - - - - - - - -

**得点UP
コーチ**

1 (2)一年中暑くて雨の多い気候である。
(3)この砂漠をラクダを使って物を運ぶ商人もいる。

2 (2)アフリカ東部はコーヒーの産地でもある。(3)過放牧などが原因といわれる。

① アフリカの位置と自然

7 アフリカ州
スタート
ドリル | 書き込み
ドリル❶ | 書き込み
ドリル❷ | 書き込み
ドリル❸ | まとめの
ドリル

発展

3 右の地図を見て，次の問いに答えなさい。

✓ チェック P84 **1** ② (各8点×3　24点)

(1) 地図中のAは，世界最大の砂漠を示している。この砂漠名を書きなさい。

(2) 地図中のBは，世界最長の河川を示している。この河川名を書きなさい。

(3) 地図中のCは，Aの砂漠の南側に広がる地域で，近年，砂漠化が進んでいる。この地域の呼び名を書きなさい。

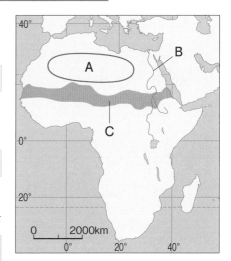

4 次の文の＿＿＿にあてはまる語句を，あとの{ }から選んで書きなさい。

✓ チェック P84 **1** ③ (各5点×6　30点)

　アフリカの気候帯，気候区は ① ＿＿＿＿＿をはさんで南北に広がっているのが特徴である。まず， ① 付近にあるギニア湾や ② ＿＿＿＿＿盆地は森林が広がる熱帯の ③ ＿＿＿＿＿気候。そのまわりの地域には ④ ＿＿＿＿＿と呼ばれる草原が広がっている。雨季と乾季がある ④ には多くの野生動物が生息し，観光資源になっている。さらにその外側の地域はステップと呼ばれるたけの短い草原や，砂漠が広がる ⑤ ＿＿＿＿＿となっている。そしてアフリカの北と南の端は比較的温暖な ⑥ ＿＿＿＿＿となっている。

{ 温帯　熱帯雨林　乾燥帯　赤道　コンゴ　寒帯　サバナ }

**得点UP
コーチ**

3 (1)アフリカ全土の3分の1を占める。
(3)この地域は降水量の変動が大きく，少ないとかんばつになる。

4 ①北半球と南半球を分ける線。③一年中雨が多く降る。⑥ヨーロッパの地中海と同じ気候。

89

7 アフリカ州

② アフリカの歩みとくらし

基本

1 右の地図を見て，次の問いに答えなさい。

✔ チェック P84・P85 **2** ①③ (各6点×4 24点)

必出 (1) 大陸の北部の国で多くの人が信仰している宗教の
名を書きなさい。

(2) 地図中のAとBの国は，20世紀初頭に独立を維持
していた国である。それぞれの国名を書きなさい。

A   B

(3) 右の地図を見ると1960年に独立している国が多
い。この1960年は何と呼ばれたか書きなさい。

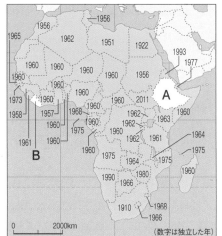
0   2000km
（数字は独立した年）

2 次の文の{ }の中から，正しい語句を選んで書きなさい。

✔ チェック P84・P85 **2** ①③ (各8点×3 24点)

必出 (1) 19世紀から20世紀にかけて，アフリカ大陸のほとんどは，{ アジア　　ヨーロッパ
アメリカ }諸国の植民地になった。

(2) 南アフリカ共和国の人種隔離政策を{ アパルトヘイト　　スラム　　ハラル }とい
い，少数の白人が黒人を中心とする多数の有色人種を差別してきた。

(3) サハラ砂漠より北部では{ イタリア語　　ロシア語　　アラビア語 }が使われてい
る。それに対して南部の国では，民族によってさまざまな言語が使われている。

・・

得点UP
コーチ

1 (1)西アジアや中央アジア・北アフリカ
に信者が多い。
(3)特にこの年に独立した国が多かった。

2 (1)イギリスやフランスの植民地が多
い。(2)1991年に，人種隔離を定めた法律
をすべて廃止した。

発 展

3 次の文を読んで，あとの問いに答えなさい。

✓ チェック P84・P85 **2** ①②③ (各6点×4　24点)

　15世紀以降，イギリスやフランスなどの ① 諸国はアフリカに侵入して，② 貿易や植民地化を進め，大陸の ⓐ南北の端の地域では白人の移民も行った。② 貿易によって，16〜19世紀には若くて健康な黒人が南北のアメリカに連れ出された。これによりアフリカの労働力が減り，その後の ⓑ人口増加や経済発展が遅れる一つの原因ともなった。

(1)　① にあてはまる地域名を書きなさい。

(2)　② にあてはまる語句を書きなさい。

(3)　下線部ⓐで，白人が国を支配し，アパルトヘイトと呼ばれる人種隔離政策を長年にわたって行っていた，南の端の国の名を書きなさい。

(4)　下線部ⓑのような，アフリカ諸国に共通する課題の解決のために，2002年につくられた組織の略称をアルファベットで書きなさい。

4 次の文の ____ にあてはまる語句を，あとの{　}の中から選んで書きなさい。

✓ チェック P85 **2** ② (各7点×4　28点)

　第二次世界大戦後，多くの国が独立したが，アフリカには多くの ① が複雑に分布して住んでいるうえに，② によって分断されている。そのため，国内で ① 同士による内紛や ② 線をめぐっての争いが絶えない。

　現在でも国の政治や社会が安定せず，国民が ③ に苦しめられたり，④ となって国内や国外に避難する人もいるなど多くの課題がある。各国の支援や，NGOの活動が重要視されている。

{　難民　　奴隷　　国境　　民族　　移民　　飢餓　}

得点UP
コーチ↗

3 (3)少数の白人が黒人を支配していた。
(4)ヨーロッパ連合(EU)を参考にしてつくられた。

4 ②植民地時代の境界がそのまま残っている。④紛争によって大量に増える場合もある。国連なども援助。

7 アフリカ州

③ アフリカの産業

基本

1 次の文の{ }の中から，正しい語句を選んで書きなさい。

✓ チェック P85 **3** （各7点×4　28点）

(1) 砂漠の中でも，水が出て，樹木が生えているところを，{ マングローブ　ステップ　オアシス }という。

〔　　　　　　　〕

必出 (2) サハラ砂漠の南側にある{ ツンドラ　タイガ　サヘル }は，もともと雨量の変動が大きく，農牧業が不安定な地域である。現在，砂漠化が進行していて大きな問題となっている。

〔　　　　　　　〕

(3) 石油は北アフリカの国々と{ 南アフリカ共和国　ザンビア　ナイジェリア }などで産出が多い。

〔　　　　　　　〕

(4) { 銅　ダイヤモンド　ボーキサイト }はボツワナ・コンゴ民主共和国・南アフリカ共和国で多く産出されている。

〔　　　　　　　〕

2 カカオ豆の貿易について次の問いに答えなさい。

✓ チェック P85 **3** ① （各8点×3　24点）

(1) 右のグラフから，輸入国，輸出国が多い地域をそれぞれ下の{ }から選んで書きなさい。

{ アフリカ　欧米 }

〈輸入国が多い〉〔　　　　　　　〕

〈輸出国が多い〉〔　　　　　　　〕

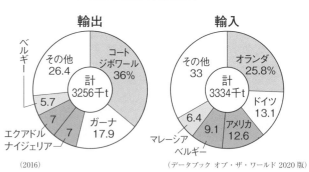

輸出

ベルギー　その他 26.4　コートジボワール 36%　計 3256千t　5.7　7　7　ガーナ 17.9　エクアドル　ナイジェリア

輸入

その他 33　オランダ 25.8%　計 3334千t　ドイツ 13.1　6.4　9.1　アメリカ 12.6　マレーシア　ベルギー

(2016)

（データブック オブ・ザ・ワールド 2020版）

必出 (2) カカオ豆は，欧米の資本で開発された大農園で，おもに輸出用作物として栽培されている。このような農業を何というか書きなさい。

〔　　　　　　　〕

· ·

得点UP コーチ

1 (1)水が出るという部分に注目。(3)OPEC（石油輸出国機構）に加盟している国。(4)高級品として扱われる。

2 (1)生産の多い国が輸出をする。(2)植民地時代に開かれた大規模農園の名称からこう呼ばれる。

3 アフリカの産業

7 アフリカ州
スタート
ドリル 書き込み
ドリル❶ 書き込み
ドリル❷ 書き込み
ドリル❸ まとめの
ドリル

学習日　　月　　日　得点　　　点

発展

3 右のアフリカの鉱産資源を示す地図を見て，次の問いに答えなさい。

✓チェック P85 **3** ②③ （各8点×3　24点）

必出 (1) プラチナやコバルトなどの量が少なかったり，採るのが難しい鉱物のことをカタカナで書きなさい。

(2) アフリカ北部，ギニア湾^{わん}沿岸でよく採れる鉱産資源を，右の図から語句を選んで書きなさい。

必出 (3) 例えば，ザンビアという国は輸出の7割以上が銅である。ザンビアのように，特定の物の輸出に頼る経済を何というか書きなさい。

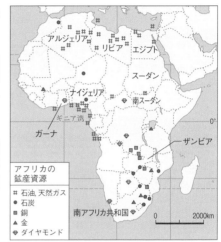

アフリカの鉱産資源
⚏ 石油，天然ガス
● 石炭
■ 銅
▲ 金
✛ ダイヤモンド

0　　2000km

4 次の文の　　　にあてはまる語句を，下の　　　の中から選んで書きなさい。

✓チェック P85 **3** ③ （各6点×4　24点）

アフリカの国々は，特定の ① 　　　や ② 　　　　　　資源の輸出に，経済を頼っている国が多い。しかし， ① は ③ 　　　　　によって作物のできや価格が変動し， ② 資源も値段や輸出量が世界の経済の動きによって変わりやすい。近年は生産者の生活を守るために，公正な価格で生産物を買うという ④ 　　　　　という動きもさかんになってきている。

気候　　　NGO　　　鉱産　　　農園　　　農産物　　　輸出　　　フェアトレード

得点UP
コーチ

3 (1)スマートフォンなどの電子機器に利用されるものもある。

4 ①②とも一次産品(天然産品)といわれ，貿易では不利とされる。アフリカの国々の産業の特徴^{とくちょう}である。

アフリカ州

1 右の地図を見て，次の問いに答えなさい。

✓ チェック P84 **1** (各6点×9　54点)

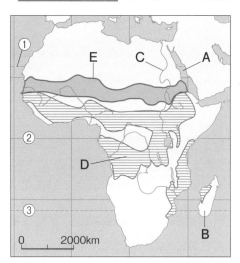

(1) 地図中の①～③のうち，赤道を示す線を一つ選び，番号を書きなさい。

(2) 地図中のAは，アフリカと西アジアを分けている海である。この海の名を{ }の中から選んで書きなさい。

{　地中海　　ペルシャ湾〈わん〉　　紅海〈こうかい〉　}

(3) 地図中のBの島の名とCの川の名を書きなさい。

B

C

(4) 地図中のDの地域の気候区名を書きなさい。

(5) 地図中のEの地域について，次の文の　　　にあてはまる語句を下の{ }の中から選んで書きなさい。

サハラ砂漠〈さばく〉の南側にあるこの地域は ① 　　　　　　　と呼ばれている。ここはもともと雨量の変動が大きく，農牧業が不安定であった。第二次世界大戦後，衛生状態が改善され，特に幼児の死亡率が低下したため人口が急増した。増えた人口を支えるために家畜〈かちく〉の数を増やすという ② 　　　　　　のために，植物が再生できなくなるまでに食べつくされてしまった。また，わずかに残っていた ③ 　　　　　　も，燃料用として無計画に伐採〈ばっさい〉してしまった。そのため，再び植物の生えない不毛の地の広がる ④ 　　　　　　が進んでいる。

{　過放牧　　降水量　　砂漠化　　サバナ　　サヘル　　立ち木　　難民　}

**得点UP
コーチ↑**

1 (1)赤道は，アフリカ大陸のほぼ中央の，コンゴ盆地〈ぼんち〉を通っている。
(4)草原が広がる気候。

(5)①アラビア語で「岸辺」という意味。②遊牧民が家畜の数を増やしたため，わずかな草が食べられてしまった。

学習日　月　日　得点　点

7 アフリカ州
スタート
ドリル | 書き込み
ドリル❶ | 書き込み
ドリル❷ | 書き込み
ドリル❸ | まとめの
ドリル

2 右の地図を見て，次の問いに答えなさい。

✓ **チェック** P84・P85 **2** **3** ① ((1)〜(5)各6点×5，(6)各8点×2　46点)

(1) 地図中の**A**は，カカオ豆の生産量世界一（2016年）の国である。この国の名を書きなさい。

(2) (1)に関して，植民地時代に欧米の資本で開かれた大農園がアフリカでは見られる。この大農園を何というか。カタカナで書きなさい。

(3) 地図中の**B**の国で行われていた，人種隔離政策を何というか。カタカナで書きなさい。

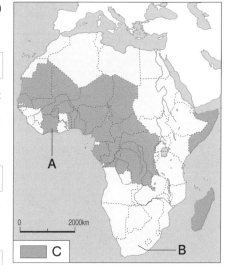

必出(4) 地図中の**C**の国々は1960年に独立した国である。1960年は何と呼ばれているか書きなさい。

(5) アフリカの北部の国々で，おもに信仰されている宗教名を書きなさい。

(6) アフリカの自立への動きについて，次の文の　　　にあてはまる語句を下の{ }の中から選んで書きなさい。

> アフリカ諸国は協力して課題を解決するために，2002年に ①　　　　を結成している。また，諸外国の政府や企業，②　　　　がアフリカの自立に貢献している。

{ EU　AU　NGO　OPEC }

・・

**得点UP
コーチ**

2 (1)この国名はフランス語で「象牙海岸」という意味。かつてこの海岸から象牙が運び出されたのでこの地名がある。

(3)1994年，ネルソン・マンデラが大統領に選出され，この国初の黒人政権が生まれた。
(5)世界三大宗教の一つ。

定期テスト 対策問題

アジア州 / ヨーロッパ州 / アフリカ州

1 右の地図を見て，次の問いに答えなさい。

✓ チェック P52 **1** ①，**2**，P53 **3** ③，**4**，**5** ① (各5点×9　45点)

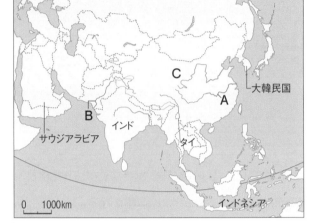

(1) 地図中の**A**と**B**の川の名を書きなさい。

A ☐

B ☐

(2) サウジアラビアで，大部分の人が信仰(しんこう)している宗教の名を書きなさい。

☐

(3) 地図中の**C**の国の人口について，正しく述べている文を，次のア～エから二つ選んで，記号を書きなさい。

☐　☐

　ア　産業の発達に伴(ともな)い，労働人口が不足し，外国人労働者を受け入れている。

　イ　2019年時点で世界で最も人口の多い国である。

　ウ　先住民と移住民の混血が進み，混血の人々が人口の大半を占(し)めている。

　エ　人口増加をおさえるため，2015年まで一人っ子政策が行われていた。

(4) あとの①，②にあう国際組織の略称(りゃくしょう)を，次の{ }の中から選んで書きなさい。

　{ OPEC(オペック)　NIES(ニーズ)　ASEAN(アセアン)　NGO(エヌジーオー) }

　① 地図中のインドネシアやタイなど10か国が加盟している組織で，加盟国の多くは，近年，工業化が進んで発展している。　☐

　② 地図中のサウジアラビアなどの石油輸出国で組織している。石油の資金で工業化を進め，生活基盤(きばん)を整備している国も多い。　☐

(5) 次の①，②の文にあう国名を，地図中から選んで書きなさい。

　① 人口の多い国の一つで，情報技術産業の発展が著(いちじる)しい国。　☐

　② 日本と同様に古くから中国文化の影響(えいきょう)を受けた国で，政府の積極的な政策で急速に工業化が進んだ国。　☐

2 次の問いに答えなさい。

✓ チェック P68 **1** ①，P69 **3** ②，**4** ①，**5** （各5点×7　35点）

必出 (1)　右の地図中のA～Cの山脈名を書きな

さい。

A
B
C

(2)　A～Cの山脈のうち，アジアとヨー
ロッパを分けている山脈はどれか。記号
を書きなさい。

必出 (3)　地図中の　　　の国々は，経済的，政治的な統合を進めている。この組織名をアルファ
ベットで書きなさい。

(4)　地図中のDはモスクワとウラジオストクを結ぶ世界最長の鉄道である。この鉄道名を
書きなさい。

(5)　ヨーロッパからロシアにかけて，穀物やじゃがいもなどの食用作物と飼料用の作物を
栽培し，肉牛や豚を飼育する農業がさかんである。このような農業を何というか書きな
さい。

3 アフリカ州について，次の問いに答えなさい。

✓ チェック P84 **1** ②，P84・P85 **2** ①，**3** ①（各5点×4　20点）

必出 (1)　アフリカ大陸の北部に広がる世界最大の砂漠の名を書きなさい。

(2)　1960年はアフリカで多くの国が独立した。この年は何と呼ばれているか。その呼び
名を書きなさい。

(3)　南アフリカ共和国で行われていた人種隔離政策を何というか。その政策名を書きなさい。

(4)　アフリカの大きな問題である貧困をなくす動きの一つとして，生産者と公正な価格で
取り引きを行い，生産者の生活やその国の経済を守るというものがある。この動きを何
というか書きなさい。

8 北アメリカ州

1 北アメリカの自然 ドリル P102

①北アメリカ州の構成

- **北アメリカ大陸**と**西インド諸島**。
  - └→カナダ・アメリカ合衆国・メキシコなど └→キューバなど

②雄大な地形

- **山脈**…西部に**ロッキー山脈**・東部に**アパラチ**
  - └→高くけわしい

  ア山脈。
  - └→低くてなだらか

- **中央平原**…**ミシシッピ川**が南に流れる。
  - └→世界有数の長流

- **五大湖**…カナダとの国境。

③気候…すべての気候帯が分布。

- **寒帯**…アラスカとカナダの北極海沿岸。

- **冷帯**…アラスカ南部，カナダ，五大湖周辺。
  - └→北緯40度より北

- **熱帯**…フロリダ半島の南部，ユカタン半島，
  - └→雨が多く，ハリケーンも多い

  西インド諸島。

- **乾燥帯**…ロッキー山脈とグレートプレーンズの間。
  - └→西経100度より西側⇒雨が少ない

- **温帯**…五大湖の南部やミシシッピ川中流域，太平洋沿岸。
  - └→西経100度より東側

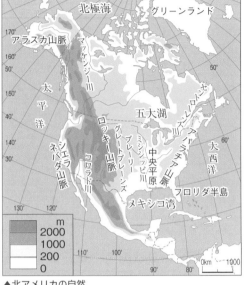

▲北アメリカの自然

2 北アメリカの民族と文化 ドリル P104

①多様な民族がくらすアメリカ合衆国

- **ヨーロッパ系**…ヨーロッパからの移民。

- **先住の人々**(ネイティブアメリカン
  - └→アメリカインディアン，イヌイット(エスキモー)など

  と呼ばれる)，アフリカ系の人々，
  - └→アフリカから。かつての奴隷の子孫

  ヒスパニック，アジア系の人々など。
  - └→スペイン語系の人々。メキシコなど └→日本人や中国など

先住民 1.3　その他 2.9
アジア系 5.8
アフリカ系
13.4
合計
3億2946
万人
ヨーロッパ系
76.6%

※総人口の 18.1%がヒスパニック
(2017年)(アメリカ合衆国国勢調査)

▲アメリカ合衆国の人口構成

②世界に広がる文化…便利さと合理性，楽しさを求める。

- **自動車中心の社会**…**フリーウェイ**，**ショッピングセンター**。
  - └→高速道路 └→広大な駐車場

- **大量生産，大量消費**…**ファストフード**，**コンビニエンスストア**。
  - └→多くの移民が支える └→アメリカ発祥が多い

③カナダの民族と多文化主義

- **ヨーロッパ系**…イギリス，フランス系の順に多い。
  - └→英語・フランス語 └→ケベック州中心

- **その他**…先住民，アジア系など⇒**多文化主義**の政策。
  - └→イヌイット

覚えると得

プレーリー

ミシシッピ川の流域に広がる大平原のこと。肥沃なプレーリー土が分布。

グレートプレーンズ

プレーリーの西に広がる台地状の大平原。降水量の少ない西部は牧草地。

北米自由貿易協定
(NAFTA)
ナフタ

アメリカ，カナダ，メキシコの協定。2020年に新NAFTA
(USMCA)を結ぶ。
ユーエスエムシーエー

3 世界の食料庫 ドリル P106

①**世界の食料庫**…アメリカ合衆国は小麦・と

うもろこし・だいずなどを各国に輸出。

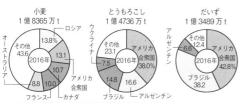

▲おもな農作物の国別輸出量の割合 (2019/20「世界国勢図会」)

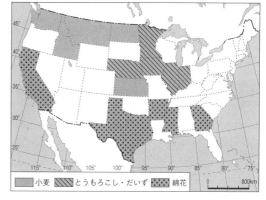

▲アメリカ合衆国の州別農業地域 (2018年)

凡例: 小麦　とうもろこし・だいず　綿花　0　800km

②**適地適作**…その土地の気候や土壌（どじょう）に合った

└→例えば，温かく雨の多い南東部で綿花の栽培がさかん

作物を栽培（さいばい）。**西経100度より西側の内陸部は降水量が500mm未満。**

└→放牧がさかん

③**効率的生産方式の開発**…**フィードロット**，**センターピボッ**

└→肉牛肥育場　　　　　　　　└→スプリンクラーを使う

トかんがいなど。

④**企業的（きぎょうてき）な農業**…大型機械を使い，特定の作物を大量に生産。

バイオテクノロジー(生命工学)を利用して新種開発など。

4 世界をリードする先端技術（せんたん） ドリル P108

①**豊富な鉱産資源**

● **石炭**…**アパラチア炭田。**

● **石油・天然ガス**…**メキシコ湾岸（わんがん），カリフォルニア。**

● **鉄鉱石**…五大湖周辺■》スペリオル湖岸の**メサビ鉄山**など。

②**新しい工業の発達**…エレクトロニクス，航空機・宇宙産業，

└→軍需（ぐんじゅ）産業の技術から発達

バイオテクノロジーなどの**先端技術産業**■》世界各国に輸出。

新しい技術を開発し，その使用料も得る。

③**工業地域**

● **五大湖沿岸**…アパラチアの石炭とメサビの鉄鉱石を五大湖

└→古くから発達した工業地域。今ではラストベルトと呼ばれ，都市の荒廃が問題

の水運で結びつける。**デトロイト，ピッツバーグ，シカゴ。**

自動車の町。世界で最も早く大量生産方式を導入←┘　└鉄鋼　　食品加工

● **サンベルト**…北緯37度以南（ほくい）の地域■》1970年代からイン

ターネット関連のICT産業を中心とした工業が発達。

・**シリコンバレー**…世界最大の先端技術産業基地。

└→サンフランシスコの南。ハイテク産業や情報技術産業が集まり，ソフトウェアの開発で世界をリード

・**ヒューストン**…メキシコ湾岸の油田■》**石油化学，宇宙**

産業。

・**ロサンゼルス**…カリフォルニア油田■》**石油化学，航空機。**

覚えると得

ハリケーン

カリブ海やメキシコ湾などで発生する熱帯低気圧。メキシコ湾岸やアメリカ南東部に被害（ひがい）をもたらす。

シェールガス

従来のガス田でなく，地中深くの層から採取される天然ガス。

先端技術(ハイテク)産業

コンピューターなどの電子機器，ニューセラミックなどの新しい素材を生産する高度な技術に基（もと）づく新しい産業。

ICT(情報通信技術)

携帯電話（けいたい）やコンピューターなどの機器やソフトウェア，通信サービスなどにかかわる産業。

北アメリカ州

1 【北アメリカの構成と地形】次の通り地図にかき込み，問いに答えなさい。

✓ チェック P98 **1** ①② (各7点×7　49点)

(1)　地図ワーク ロッキー山脈に色をぬりなさい。

(2)　次の文の{　}の中から正しい語句を選んで
書きなさい。

① 北アメリカ大陸の西側には，ロッキー山
脈があり，東側にはなだらかな{　アンデス
アパラチア　}山脈がある。

② ①の二つの山脈の間には中央平原があり，
その平原を{　アマゾン　　ミシシッピ　}
川が流れている。

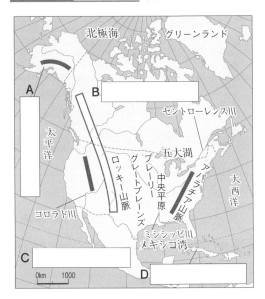

(3)　地図中の▢▢▢ A〜Dにあてはまる地名や国名を{　}の中から選んで書きなさい。

{　キューバ　　アラスカ　　カナダ　　メキシコ　}

2 【アメリカ合衆国の民族】右のアメリカの人種や民族構成を示すグラフを見て，次の
問いに答えなさい。

✓ チェック P98 **2** ① (各5点×3　15点)

(1)　アメリカ合衆国の人口のうち，ヨーロッパ系の人々は何％
を占めているか。

(2)　次の文の{　}の中から正しい語句を選んで書きなさい。

① アメリカ合衆国にはさまざまな人種が住んでいる。ヨー
ロッパ系とはヨーロッパから移民してきた人々の子孫で，
ネイティブアメリカンとは北アメリカに住んでいた{　先住
民　　日系人　}のことである。

② ヒスパニックとはメキシコや西インド諸島の国々から移住してきた{　スペイン語
アラビア語　}を話す人々で，その数は年々増えている。

先住民 1.3　その他 2.9
アジア系 5.8
アフリカ系
13.4
合計
3億2946
万人
ヨーロッパ系
76.6%

※総人口の 18.1%がヒスパニック
(2017年)(アメリカ合衆国国勢調査)

学習日　月　日　得点　点

8 北アメリカ州

スタート
ドリル　書き込み
ドリル❶　書き込み
ドリル❷　書き込み
ドリル❸　書き込み
ドリル❹　まとめの
ドリル

3 【アメリカ合衆国の農業】右のグラフを見て，次の問いに答えなさい。

✓ チェック P99 **3** (各7点×3　21点)

(1) ☐ に入る農作物を，小麦，米，じゃがいもの中から選んで書きなさい。

☐

(2) 次の文の{ }の中から正しい語句を選んで書きなさい。

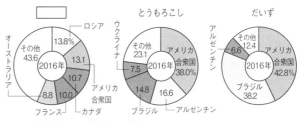

▲おもな農産物の国別輸出量の割合　(2019/20「世界国勢図会」)

① アメリカ合衆国は，とうもろこし・だいずなどの大生産国であり，世界に多く輸出している。そのため{ 世界の食料庫　世界の工場 }ともいわれている。

☐

② アメリカでは，大規模な機械を利用し，特定の種類の作物を大量に生産する{ プランテーション農業　企業的な農業 }が行われている。

☐

4 【世界をリードする先端技術工業】次の通り地図にかき込み，問いに答えなさい。

✓ チェック P99 **4** ②③ (各5点×3　15点)

(1) 地図ワーク 北緯37度の線をなぞりなさい。

(2) 次の文の{ }の中から正しい語句を選んで書きなさい。

① 北緯37度線の南は{ サンベルト　グレートプレーンズ }と呼ばれ，1970年代から工業が発達した地域である。

☐

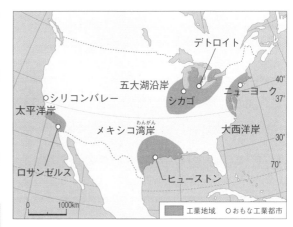

② 地図中のサンフランシスコの南にあるシリコンバレーは，{ ハイテク　自動車 }産業が集まり，先端技術産業基地として世界をリードしている。

☐

基本

1 次の文の{ }の中から，正しい語句を選んで書きなさい。

✓ **チェック** P98 **1** (各5点×4 20点)

(1) 北アメリカ州は，北アメリカ大陸と{ マダガスカル島 スカンディナビア半島 西インド諸島 }からなる。

(2) 五大湖はアメリカ合衆国と{ カナダ メキシコ キューバ }の国境にある湖である。

(3) アメリカのアラスカ北部とカナダの北極海沿岸は{ 寒帯 冷帯 熱帯 }である。

(4) フロリダ半島の南部やユカタン半島は{ 寒帯 冷帯 熱帯 }である。

2 次の問いのそれぞれの答えを，右の地図中から選んで書きなさい。

✓ **チェック** P98 **1** ② (各6点×5 30点)

必出(1) 高くてけわしい山脈。

(2) 東部にある低くてなだらかな山脈。

必出(3) 中央平原を流れる，世界有数の大河。

(4) (3)の大河の流域に広がる，肥沃な土壌が分布している大平原。

(5) (1)と(4)の間に広がる台地状の大平原。

得点UP
コーチ↑

1 (1)キューバ，ハイチなどの海洋国がある。(4)赤道の近くにある。

2 (1)西部にある山脈。(2)1000mほどの山が連なる古い山脈。(3)先住民の言葉で「川の父」という意味。

学習日　月　日　得点　点

発展

3 右の図を見て，次の問いに答えなさい。

✔ チェック P98 **1** ①② (各5点×6　30点)

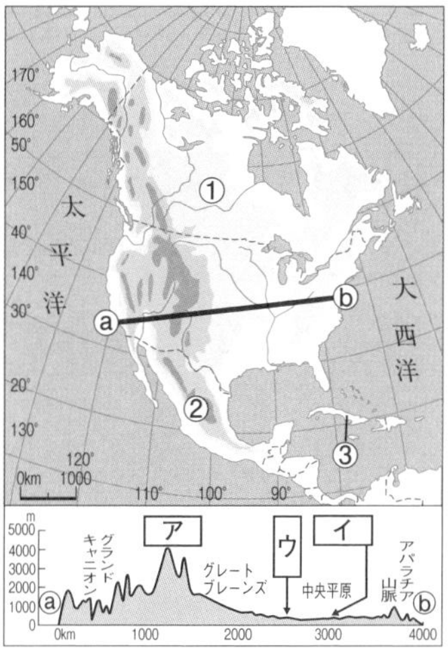

(1) 右の上の地図の①〜③にあてはまる国名を書きなさい。

①
②
③

(2) 右の下の図は上の地図中の@ーⓑの断面図を示している。

アの山脈名とイの河川名とウの肥沃な平原の名を書きなさい。

ア
イ
ウ

4 次の文の　　①〜④にあてはまる語句を，下の{ }の中から選んで書きなさい。

✔ チェック P98 **1** ③ (各5点×4　20点)

　北アメリカ州ではさまざまな気候が見られる。　①　に近いアラスカとカナダはほとんどが冷帯(亜寒帯)か寒帯である。フロリダ半島南部やユカタン半島，西インド諸島は赤道に近く，　②　の気候で，リゾート地も見られる。また，アメリカ合衆国の気候をおおまかにみると西経100度付近を境に，東側は雨の多い湿潤地域で　③　の気候が広がる。西側は雨の少ない乾燥地域で，　④　も見られる。

{ 砂漠　タイガ　熱帯　高山　北極　温帯 }

①　　　　　　　②
③　　　　　　　④

得点UPコーチ

3 (2)ア図から高くてけわしいことがわかる。イ中央平原を流れる世界有数の長い川。ウ肥沃な平原に注目。

4 ①冷帯・寒帯という語句に注目。②赤道という語句に注目。④乾燥帯に見られる，草や樹木が生えないところ。

2 北アメリカの民族と文化

基本

1 次の文の{ }の中から，正しい語句を選んで書きなさい。

✓ チェック P98 2 （各6点×4　24点）

必出 (1)　アメリカの人口は約3.3億人であるが，その約4分の3は{　ヒスパニック　　先住民　　ヨーロッパ系　}の人々である（2017年）。

（2）　アメリカは自動車社会であり，{　ファストフード　　ユーロポート　　フリーウェイ　}という高速道路が発達している。

（3）　アメリカの大量生産，大量消費はメキシコなどから来る{　難民　　移民　　先住民　}に支えられている。

（4）　広大な駐車場がある巨大な{　コンビニエンスストア　　ショッピングセンター　　マンション　}はアメリカ合衆国から広がった。

2 次の文にあう語句を，下の　　　の中から選んで書きなさい。

✓ チェック P98 2 ③ （各5点×4　20点）

（1）　カナダもアメリカと同じようにヨーロッパからの ① 　　　　　　　　の人々によって開拓された。カナダでは国民の多数を ② 　　　　　　　系の人々が占めているが，ケベック州を中心に ③ 　　　　　　　系の住民がいることから，公用語としては英語と ③ 語が使われている。

（2）　カナダには北極海周辺に ④ 　　　　　　　と呼ばれる先住民の人々がくらしている。

イギリス	先住民	移民	奴隷	イヌイット	フランス

得点UP
コーチ

1 (1)アメリカを開拓した人々の出身地から考える。(2)ファストフードはハンバーガーの企業などが有名。

2 (1)①「アメリカと同じように」という語句に注目。(2)アメリカ合衆国では，エスキモーと呼ばれることがある。

発展

3 次の文の□①〜⑤にあてはまる語句を，下の{ }の中から選んで書きなさい。

✔チェック P98 2① (各7点×5　35点)

　北アメリカ大陸にはもともとアメリカインディアンやカナダの北極海周辺に住んでいる □①□ などの先住民が住んでいた。これらの先住民は □②□ アメリカンと呼ばれている。17世紀初期に，イギリスが初めて北アメリカ大陸に植民地を建設すると，ヨーロッパから多くの人々が □③□ として次々とやってきた。産業がさかんになると労働力が不足となり，□④□ から多くの人を奴隷（どれい）として連れてきた。近年は，アメリカ合衆国の南にある □⑤□ や西インド諸島の国などから移り住む人々が増加してきている。

{ イヌイット　　ネイティブ　　ウクライナ　　アフリカ　　移民　　メキシコ }

①　　　　　　　　②　　　　　　　　③

④　　　　　　　　⑤

4 右のグラフは，アメリカ合衆国の人種・民族別構成である。これを見て，次の問いに答えなさい。 ✔チェック P98 2① (各7点×3　21点)

(1) Aは，奴隷として連れてこられた人々の子孫である。何と呼ばれているか書きなさい。

　　　　　　　　　　　　　系住民

(2) Bにあてはまる，古くからアメリカ大陸に住んでいる人々の総称（そうしょう）を書きなさい。

必出 (3) メキシコ，中央アメリカ，西インド諸島などから移住した，スペイン語系の人々は何と呼ばれるか書きなさい。

B 1.3　　その他 2.9
アジア系
5.8
A系
13.4
合計
3億2946
万人
ヨーロッパ系
76.6%

※総人口の18.1%が□□□□
(2017年)（アメリカ合衆国国勢調査）

- -

得点UP コーチ

3 ③他の国に移り住む人々のこと。
④地中海の南にある大陸。
⑤アメリカ合衆国と国境を接する国。

4 (1)アメリカ南部の綿花農場の労働者として連れてこられた。(3)スペイン語を話すラテンアメリカ系の人々。

8 北アメリカ州

③ 世界の食料庫

基本

1 次の文の{ }の中から，正しい語句を選んで書きなさい。

✓ チェック P99 3 (各6点×4　24点)

(1) アメリカ合衆国の農業は，農業機械の大型化が進み，特定の作物を大量に生産する{ 企業的な　伝統的な　有機的な }農業である。

必出 (2) その土地の気候や土壌に合った作物をつくることを，{ プランテーション　適地適作　二毛作 }という。

(3) アメリカ合衆国は小麦・だいず・とうもろこしなどの農作物の世界有数の輸出国なので，世界の{ 穀倉　商社　食料庫 }といわれている。

必出 (4) 小麦の栽培がさかんな肥沃な大平原を{ タイガ　サンベルト　プレーリー }という。

2 次の文の＿＿＿にあう語句を，下の＿＿＿の中から選んで書きなさい。

✓ チェック P99 3 (各6点×4　24点)

　北アメリカでは，各地の ① ＿＿＿＿＿＿や土壌などの自然環境に合わせた農業が行われている。これを適地適作という。アメリカ合衆国では西経100度付近を境に，西側の降水量の少ない地域では ② ＿＿＿＿＿＿を，東側の降水量の多い地域の，中央部や北部は小麦やとうもろこし，③ ＿＿＿＿＿＿，南東部では綿花の栽培が行われている。特に，小麦の大生産地であるプレーリーやグレートプレーンズでは，④ ＿＿＿＿＿＿を使って少ない人手で高い生産をあげている。

> 放牧　　羊毛　　果物　　だいず　　大型機械　　気候

得点UP
コーチ↑

1 (2)各地の気候や地形に適した作物を，集中的に栽培している。(3)多くの国が，アメリカ合衆国にたよっている。

2 ①農業にとって，切っても切り離せない，最も大切なもの。特に降水量と気温などが影響する。

3 右の図を見て，次の問いに答えなさい。

✅ **チェック** P99 **3** ① (各7点×4　28点)

必出 (1) 地図中の**A**〜**C**でおもに栽培され
ている農作物名を書きなさい。

A _____

B _____

C _____

(2) 地図中の**A**で栽培されている農作
物の「国別輸出量の割合」を示してい
るグラフは，右の**ア**〜**ウ**のどれか。
記号を書きなさい。

_____

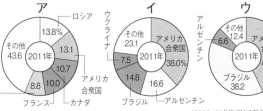

(2019/20「世界国勢図会」)

4 次の問いに答えなさい。

✅ **チェック** P99 **3** (各6点×4　24点)

(1) アメリカ合衆国では気候などの自然環境と社会的な条件に合わせた農業が行われてい
る。これを何というか。その呼び名を書きなさい。 _____

(2) アメリカでは，大型機械を使って，大量に作物をつくるため，同じ面積あたりの生産
費は日本などとくらべてどのようになるか書きなさい。 _____

(3) アメリカは小麦などの農産物を外国に輸出しているため，何と呼ばれているか。
その呼び名を書きなさい。 _____

(4) アメリカでは，一度放牧した牛を [_____] で育て，出荷する方式も広がっている。
[_____] にあてはまることばを書きなさい。 _____

得点UP
コーチ

3 (2)ア・イ・ウは小麦，とうもろこし，
だいずのいずれか。とうもろこし，だいず
はアメリカが40％近くを占める。

4 (1)「自然環境……に合わせた」という語
句に注目。(4)出荷前に高カロリーのえさを
与え，肉質を良くする。

⑧ 北アメリカ州

❹ 世界をリードする先端技術

基本

1 次の文の{ }の中から，正しい語句を選んで書きなさい。

✓ チェック P99 ❹ ①③ (各8点×3　24点)

(1) アパラチア山脈の近くには{ 炭田　油田　銅山 }があり，鉄鋼業などに利用された。

（答え欄）

(2) メサビの鉄山は{ 五大湖　ロッキー山脈　アラスカ }周辺にある。

（答え欄）

(3) シリコンバレーは世界の{ 先端技術　自動車　鉄鋼 }産業の基地になっている。

（答え欄）

2 次の問いのそれぞれの答えを，右の地図中から選んで書きなさい。

✓ チェック P99 ❹ ③ (各8点×4　32点)

(1) アメリカ合衆国の最も古い工業地域で，鉄鋼業や自動車工業で発展した工業地域はどこか書きなさい。

（答え欄）

(2) 次のそれぞれの文にあてはまる都市名を書きなさい。

① 油田に近いため，石油化学工業が発達している。宇宙産業もさかんである。

（答え欄）

② 石油化学とともに，航空機の生産もさかん。

（答え欄）

③ 自動車工業の町として有名。

（答え欄）

**得点UP
コーチ**

1 (3)ICTなどのハイテク産業がさかん。自動車や鉄鋼は20世紀後半には，日本やドイツの製品におされた。

2 (1)アメリカ合衆国の工業は内陸部からおこった。(2)②アメリカ合衆国で航空機産業がさかんな都市。

④ 世界をリードする先端技術

8 北アメリカ州
スタート
ドリル | 書き込み
ドリル❶ | 書き込み
ドリル❷ | 書き込み
ドリル❸ | 書き込み
ドリル❹ | まとめの
ドリル

学習日　　月　　日　得点　　　点

発展

3 右の地図を見て，次の問いに答えなさい。

✓チェック P99 4 ③ (各8点×4　32点)

(1)　地図中の**A**の工業地域が発達した理由を述べた次の文の ⬚ ①～③に，あてはまる地名を書きなさい。

> スペリオル湖西岸の ① 鉄山の鉄鋼石と ② 炭田の石炭を，③ の水運で結びつけて発達した。

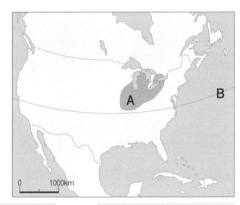

0　　1000km

①〔　　　　　　　　〕　　②〔　　　　　　　　〕

③〔　　　　　　　　〕

必出 (2)　地図中の**B**の緯線より南は，1970年代から工業が発達した地域である。この地域は何と呼ばれているか。その呼び名を書きなさい。〔　　　　　　　　〕

4 次の問いに答えなさい。

✓チェック P99 4 ②③ (各6点×2　12点)

(1)　サンフランシスコの南にある先端技術産業の世界的基地となっている地域を何と呼ぶか。〔　　　　　　　　〕

(2)　アメリカでは，生物のもつはたらきを研究して人間の生活に役立てようとする ⬚（生命工学）の研究もさかんに行われている。⬚にあてはまる語句を{　}から選んで書きなさい。

{　ICT　　航空宇宙産業　　バイオテクノロジー　}〔　　　　　　　　〕

- -

得点UP
コーチ

3 (2)アメリカ合衆国の南部や南西部の諸州をさす。温暖な気候のため，「太陽の輝く帯」という意味。

4 (1)IC（半導体）の原料となるものの名前からこのように呼ばれる。(2)遺伝子の研究などは医療にも利用されている。

北アメリカ州

1 次の文の ⬚ ①〜⑤にあてはまる地名を，右の地図から選んで書きなさい。

☑ チェック P98 **1** ② (各4点×5　20点)

　西部には高くてけわしい ① 山脈が，東部には低くてなだらかな ② 山脈がある。その間の中央平原を北から南に ③ 川が流れており，その川の流域は ④ と呼ばれる大平原になっている。北部のカナダとの国境近くには，⑤ と呼ばれる大きな湖がある。アメリカ合衆国は，面積が日本の約26倍もある広大な国である。

① ☐

② ☐　　③ ☐

④ ☐　　⑤ ☐

2 次の①〜③にあてはまる人々を，人種や民族構成を示す次のグラフのA〜Dから選んで，記号を書きなさい。

☑ チェック P98 **2** ① (各8点×3　24点)

① イギリスなどから移民してきた人たちの子孫。

☐

② 農園の労働者にするために奴隷（どれい）として連れてこられた人たちの子孫。

☐

③ 日系人などの移民の人たちの子孫。

☐

D 先住民 1.3 ─ その他 2.9
C アジア系 5.8 ─
B アフリカ系
13.4

合計
3億2946
万人

A ヨーロッパ系
76.6%

※総人口の18.1%がヒスパニック
(2017年)(アメリカ合衆国国勢調査)

**得点UP
コーチ**

1 ①世界的な大山脈。③ネイティブアメリカンの言葉で「川の父」という意味。
2 ①アメリカやカナダはイギリスとフランスの植民地だった。③他にも中国系の人々などがふくまれる。

3 右の地図を見て，次の問いに答えなさい。

✅ **チェック** P98 **1** ②，**2** ③，P99 **3** ①，**4** ③ (4)は完答(各7点×8　56点)

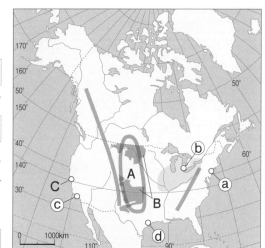

(1) 地図中の**A**には，乾燥した台地状の大平原が広がっている。この大平原の呼び名を書きなさい。

(2) 地図中**B**で栽培されている農作物の名を書きなさい。

必出 (3) 地図中の**C**は，世界の先端技術産業の基地となっているところである。この地域の呼び名をカタカナで書きなさい。

(4) 次の文にあてはまる都市を，地図中の@〜@から選んで，記号と都市名を書きなさい。

①　世界で初めて流れ作業による大量生産の方法を取り入れて，世界の自動車産業の中心となった。　記号　　　　　都市名

②　メキシコ湾岸の油田を利用した石油化学工業がさかんで，近年は宇宙産業がさかんである。　記号　　　　　都市名

③　太平洋側にある大都市で航空機産業がさかんである。
記号　　　　　都市名

必出 (5) 地図中の©と@の都市は北緯37度以南にある。このあたりは1970年代から工業が発達した地域である。呼び名をカタカナで書きなさい。

(6) カナダでは，先住民や移民など少数派の人々に対し，言葉・文化・伝統の共存を認める政策をとっている。これを何というか，漢字五字で書きなさい。

・・・

**得点UP
コーチ**

3 (2)日本もこの作物を輸入している。　　　　近くにある。③石油化学工業もさかん。

(3)サンフランシスコの南にある。

(4)①この都市は，五大湖の一つエリー湖の

9 南アメリカ州

1 南アメリカの自然環境とくらし ドリル P116

① 南北に長い大陸…日本から見て，地球の反対側に位置。

●地形

・西部に<u>アンデス山脈</u>。
　└標高6000mの山々が連なる←

・北部にギアナ高地。

・東部に<u>ブラジル高原</u>。
　　　　└カンポが広がる

・<u>アマゾン川</u>やラプラ
　└赤道直下を流れ，流域面積が世界一
　タ川…流域に盆地や
　　　　　　　　└ぼんち
　平野。

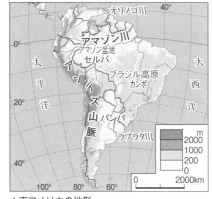

▲南アメリカの地形

②気候

●<u>北部は熱帯</u>，<u>南部は温帯</u>，<u>西部</u>
　　└赤道に近い　└ブエノスアイレス付近など
　は<u>乾燥帯</u>，<u>東部は熱帯</u>。
　　└かんそう └チリの太平洋岸など　└ブラジル高原，サバナ気候

●<u>高山気候</u>…標高が上がるにつれ
　　└アンデス山中，一年中春のような気温
　気温が低下▶<u>高山都市</u>が発達。
　　└ラパス，キトなど

③熱帯林や草原

●<u>アマゾン盆地</u>…<u>広大な熱帯林</u>。
　　　　　　　　└セルバと呼ばれる
●<u>ラプラタ川下流</u>…<u>パンパ</u>と呼ばれる草原。
　　　　　　　　　　└温帯草原

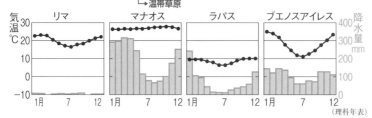

(理科年表)

④自然環境と共生する人々

●<u>アマゾン川流域でくらす人々</u>…<u>物資や人の移動に船を利用</u>。
　　　　　　　　　　　　　　　　　└マナオスまで大きな船が出入りする
　・漁業がさかん■▶アマゾン川は魚の種類が豊富。

　・食料用のいもやとうもろこしを栽培。
　　　　　　　　　　　　└さいばい
　　└伝統的農業⇒のちに企業的な農業に

●<u>森林でくらす人々</u>…<u>焼畑農業</u>■▶何年かたつと移動。
　└森林を利用する伝統的な生活　└バナナ，いも，とうもろこし，豆を栽培

●<u>草原でくらす人々</u>…大きな牧場で牧畜を中心とした生活。
　　　　　　　　　　　　　　　　　└ぼくちく

---

2 南アメリカの人々と文化 ドリル P118

①**あゆみ**…13〜16世紀に**インカ文明**■》16世紀以降**スペイン**や
└→アンデス地帯に栄える。ペルーのクスコが都

ポルトガルが侵略し,植民地となる■》19世紀以降に各国が独立。
└→ブラジルがポルトガル,他の多くはスペイン

②**交じり合う文化**…ヨーロッパ文化と先住民の文化が交じり合う。
└→多文化社会を形成

● **言語と宗教**…スペイン語とポルトガル語。**キリスト教**。
　　　　　　　　　　└→ブラジル　　　　　　└→カトリック

● **さまざまな人種**…**先住民**,アフリカ系(黒人),ヨーロッパ系の
　　　　　　　　　　　　└→奴隷としてアフリカから連れてこられる

白人。**メスチソ**(先住民とヨーロッパ系
　　　└→メスチーソ,メスチゾともいう

の混血)。

● **日本人の移民**…**明治時代**から移住
　　　　　　　　　└→20世紀はじめ

■》コーヒー園で働く。その子孫は**日**

系人と呼ばれ,その国の重要な構成員。

▲リオのカーニバル(ブラジル)

● **南アメリカの独自の文化**…**カーニバ**
ヨーロッパの宗教行事「謝肉祭」から生まれる←┘

ルや**サンバ**,**タンゴ**など。
└→アルゼンチン舞踊の音楽。ヨーロッパ,アフリカ,現地の音楽が融合してうまれた

3 南アメリカの産業と開発 ドリル P120

①**変化する農業と鉱工業**

● **農業の変化**…**大農場**での農業からの脱却。
　　　　　　　　└→19世紀初め,コーヒーを栽培する大農場が開かれる

・ブラジル…**コーヒー**中心の農業■》近年は,**だいず**やオ
　　　　　　　　　　　　　　　　　　　　└→多角化

レンジ,**さとうきび**の栽培に力を入れる。
└→バイオエタノール(さとうきび,とうもろこしからつくられる燃料)にも利用

・アルゼンチン…**小麦**の栽培や**牛**の放牧。
　　　　　　　　└→パンパで栽培

● **豊かな地下資源と重化学工業の発展**

・ベネズエラの**石油**,ブラジルの**鉄鉱石**,チリの**銅**。

・重化学工業の発展…ブラジルは**先端産業**も発展。
　　　　　　　　　　　└→中国などとともにBRICSと呼ばれる

②**開発の進行と環境**

● **アマゾン地域の開発**…道路の建設。牧場やさとう
　└→日本などの外国の企業も進出　└→アマゾン横断道路

きび畑。森林が破壊され,地球環境に影響。
　└→地球温暖化,貴重な動植物の絶滅

● **カンポの開発**…1970年以降大規模なかんがいが
　└→ブラジル中央部の草や低木がまばらにはえる草原

行われ,機械化農業が進められる■》**だいず**や

コーヒーなどの輸出用作物を栽培。

③**開発と進む都市化**…職を失った農民が大都市へ移

動■》**都市化**が進行する一方で**スラム**が拡大。
都市で経済的困難な貧困の人々が生活する地域←┘

覚えると得

カラジャス鉄山

アマゾンで開発され
た世界有数の鉄山。
この鉄山を開発する
ために熱帯林を切り
開き,鉄を運ぶカラ
ジャス鉄道を建設。

BRICS (ブリックス)

近年,経済成長が著
しいブラジル,ロシ
ア,インド,中国,
南アフリカ共和国の
頭文字をつなげたこ
とば。

**ブラジルの輸出品の
変化**

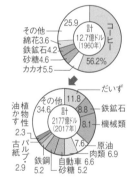
(国連資料ほか)

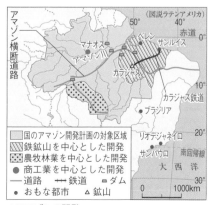
▲アマゾンの開発

南アメリカ州

1 【南アメリカの地形と気候】次の通り地図にかき込み，問いに答えなさい。

✓ チェック P112 **1** ①②③ (各7点×6　42点)

(1) 地図ワーク アマゾン川をなぞりなさい。

(2) アマゾン川は赤道直下を流れ，雨量も多く，流域には{ タイガ　セルバ }と呼ばれる熱帯林が広がる。{ }の中から正しい語句を選んで書きなさい。

(3) ラプラタ川の周辺は温帯となっていて，下流には{ パンパ　サバナ }と呼ばれる草原が広がっている。{ }の中から正しい語句を選んで書きなさい。

(4) 地図中の［　　　］①～③にあてはまる地名や都市名を{ }の中から選んで書きなさい。

{ アンデス山脈　ギアナ高地　ラパス }

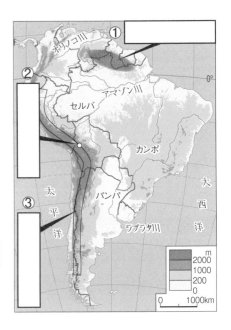

2 【南アメリカの人種】右のグラフを見て，次の問いに答えなさい。

✓ チェック P113 **2** ② (各7点×4　28点)

(1) ブラジルで，一番割合の多い人種は何か。

(2) 先住民の人々が4割以上を占める国はどこか。

(3) ヨーロッパ系と先住民との混血の人々を何というか。

(4) 右の国のうち，ヨーロッパ系の人々の割合が一番多いのはどこか。

ブラジル　2億1087万人

ヨーロッパ系 48%	混血 43

アフリカ系8　　その他1

チリ　1820万人

ヨーロッパ系 89

先住民9%　　その他2

ペルー　3255万人

先住民 45%	混血 37

ヨーロッパ系15　　その他3

(ワールドアルマナック2018ほか)

▲ブラジル・チリ・ペルーの人口構成

3 【南アメリカの言語と文化】次の通りに，言語の分布を示す地図にかき込み，問いに答えなさい。

✓ チェック P113 **2** (各5点×3　15点)

(1)　[地図ワーク] ポルトガル語を話している地域を斜線（▨▨▨）でぬりなさい。

(2)　南アメリカはスペインとポルトガルに侵略され，その植民地となった。そのため，現在でも{　ブラジル　アルゼンチン　}ではポルトガル語，その他の地域では一部をのぞいて，スペイン語がおもに使われている。{　}の中から正しい語句を選んで書きなさい。

(3)　南アメリカの国々は，ヨーロッパの植民地だったので，宗教は{　イスラム　　キリスト　}教が信仰されている。{　}の中から正しい語句を選んで書きなさい。

地図ラベル：ドミニカ共和国／パナマ／ベネズエラ／ガイアナ／スリナム／コロンビア／エクアドル／赤道 0°／ペルー／ブラジル／ボリビア／パラグアイ／アルゼンチン／ウルグアイ／チリ

凡例：スペイン語／ポルトガル語／英　語／フランス語／オランダ語　　0 1000km

4 【南アメリカの産業】右のグラフを見て，次の問いに答えなさい。

✓ チェック P113 **3** ① (各5点×3　15点)

(1)　右のグラフの中で，1960年の輸出品で最も多い割合を占めているものを書きなさい。

(2)　次の文の{　}の中から正しい語句を選んで書きなさい。

①　1960年のブラジルの輸出品で多いのは{　農産物　　鉱産資源　}である。

②　2017年のブラジルの輸出品では{　農産物　　工業製品　}の割合が増えている。

グラフ：
カカオ 5.5　砂糖 4.6　綿花 3.6　鉄鉱石 4.2
1960年 計13億ドル　コーヒー 56.2%　その他 25.9

鉄鋼 5.2　砂糖 5.2　パルプ・古紙 2.9　植物性油かす 2.3
2017年 計2177億ドル　だいず 11.8%　鉄鉱石 8.8　機械類 8.1　その他 34.6
原油 7.6　肉類 6.9　自動車 6.6
(国連資料ほか)

▲ブラジルの輸出品の変化

⑨ 南アメリカ州

① 南アメリカの自然環境とくらし

基本

1 右の地図を見て，次の問いにあうものを{ }の中から選んで書きなさい。

✓ **チェック** P112 **1** ① (各7点×4　28点)

必出 (1) 地図中のAは，世界最長の山脈を示している。この山脈名を書きなさい。　〔　　　　　　〕山脈

必出 (2) 地図中のBは，流域面積が世界一の川である。この川の名を書きなさい。　〔　　　　　　〕川

(3) 地図中Cは，(2)の流域に広がる熱帯林である。この熱帯林の名を書きなさい。　〔　　　　　　〕

(4) 地図中Dは，ブラジル高原に広がる，やせた草原地帯である。この草原地帯の名を書きなさい。　〔　　　　　　〕

{　ロッキー　　アンデス　　ラプラタ　　アマゾン　　セルバ　　カンポ　}

2 次の文の{ }の中から，正しい語句を選んで書きなさい。

✓ **チェック** P112 **1** ② (各6点×4　24点)

必出 (1) 南アメリカ州の北部は赤道に近く，{　熱帯　　温帯　　乾燥帯　}の気候になっている。　〔　　　　　　〕

(2) チリの太平洋岸などは{　熱帯　　温帯　　乾燥帯　}の気候になっている。　〔　　　　　　〕

(3) 南アメリカ州の南部のブエノスアイレス付近は{　熱帯　　温帯　　乾燥帯　}の気候になっている。　〔　　　　　　〕

(4) アンデス山中の地域は標高が上がるにつれて気温が下がる{　高山　　寒帯　　冷帯　}気候となっている。　〔　　　　　　〕

得点UP
コーチ

1 (3)常緑広葉樹を主体とする密林で，代表的な熱帯林。(4)南アメリカの代表的なサバナの植物分布。

2 (1)赤道付近はアフリカと同じく密林が茂る気候。
(4)標高が上がるという語句に注目。

発展

3 次の文の□□□にあてはまる語句を書きなさい。

✓ チェック P112 **1** ①② (各4点×5 20点)

南アメリカ州の西部には，高くてけわしい ①□□□□□□ 山脈が南北に走っ
ている。 ① 山脈から流れ出た川が ②□□□□□□□ 川で，世界一の流域面積
をほこっている。 ② 川は赤道直下を流れており，流域には ③□□□□□□
と呼ばれる熱帯林が広がっている。 ② 川の南には，④□□□□□ 高原が
広がり，大部分の気候帯が ⑤□□□□□□□ である。

4 次の問いに答えなさい。

✓ チェック P112 **1** ②③④ (各7点×4 28点)

(1) 右の写真は地図中のア～エのどの地域の様子か。記号を書きなさい。

□□□□□□

(2) 次の文の□□□にあてはまる語句
を書きなさい。

① 地図中のイでくらす人々は物資
や人の移動に□□□を使って生活
している。

□□□□□□

② 地図中のウは□□□と呼ばれる温帯の草原が広がり，人々
は牧畜や小麦の栽培をしている。

□□□□□□

(3) 右の雨温図は，地図中のア～エのどの地域のものか。記号を書き
なさい。

□□□□□□

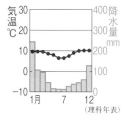

(理科年表)

**得点UP
コーチ↗**

3 ①世界最長の山脈。②ギリシャ神話の
女神の名からとったといわれる。⑤大部分
は草原になっている。

4 (1)写真は熱帯林のようす。
(3)気温に着目。

117

⑨ 南アメリカ州

② 南アメリカの人々と文化

1 右の地図を見て，次の問いに答えなさい。

✓ チェック P113 **2** (各6点×3　18点)

(1)　Aは，13〜16世紀ころに栄えた{　インカ　　マヤ
マリ　}文明の領域を示している。{　}の中から正しい語句
を選んで書きなさい。

(2)　右の写真は，リオのカーニバルの
様子である。この祭りが開かれる国
名を地図中から選んで書きなさい。

(3)　Bにあてはまる言語を書きなさい。

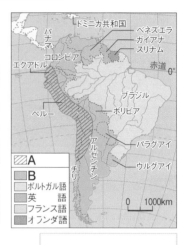

2 次の文の{　}の中から，正しい語句を選んで書きなさい。

✓ チェック P113 **2** (各6点×4　24点)

(1)　ブラジルを植民地としたのが，{　イタリア　　スペイン　　ポルトガル　}である。

(2)　南アメリカの人々の多くは，{　イスラム教　　ヒンドゥー教　　キリスト教　}を信
仰<ruby>仰<rt>こう</rt></ruby>している。

(3)　先住民とヨーロッパ系の人々との混血の人々を{　オアシス　　ステップ　　メスチ
ソ　}という。

(4)　ブラジルで活躍<ruby>躍<rt>かつやく</rt></ruby>する日本人の移民やその子孫を，{　華人<ruby>華人<rt>かじん</rt></ruby>　　黒人　　日系人　}という。

· ·

**得点UP
コーチ↗**

1 (1)ペルーを中心に栄えた文明。
(2)もとは，ヨーロッパのカトリック社会で
行われる祝祭。

2 (1)ヨーロッパのイベリア半島にある
国。(2)どのような国々の植民地だったかが
重要。

学習日　月　日　得点　点

発展

3 右のグラフは，ブラジルの人口構成を示したものである。これについて，次の問いに答えなさい。　✓**チェック** P113 **2** （各7点×4　28点）

(1)　Aはヨーロッパ系の住民である。このうちブラジルを植民地として支配したのはどこの国の人々か書きなさい。

その他 1
B 8
ブラジル 2億1087万人
A 48%
混血 43

（ワールドアルマナック 2018 ほか）

(2)　ヨーロッパでの宗教行事から生まれた，リオデジャネイロで開かれる祭りを何というか書きなさい。

(3)　Bは植民地時代の農場や鉱山に強制的に連れてこられた人々の子孫である。連れてこられた地域名を書きなさい。

(4)　ブラジルには日本人も移住して，コーヒー園などで働いた。この人々の子孫を何というか書きなさい。

4　次の文の□□□にあてはまる語句を書きなさい。

✓**チェック** P113 **2** （各6点×5　30点）

(1)　ブラジルやペルーには日系人が住んでいる。この人々は ① □□□時代から，② □□□として日本からブラジルに移り住んだ人々の子孫である。現在ではその国の大切な構成員となって活躍している。

(2)　ブラジルのカーニバルは，もともとは ① □□□からの移民に伝えられていた ② □□□教の宗教行事だったが，アフリカ系の人々と交わることによって，今の形になった。

(3)　南アメリカの多くの国は，先住民の文化とヨーロッパからもちこまれた文化が交じり合ってできあがった□□□社会といえる。

得点UP コーチ

3 (1)スペインとともにラテンアメリカを支配した。
(3)奴隷（どれい）として連れて来られた。

4 (1)①20世紀初頭に始まり，コーヒー園などで働いた。

書き込みドリル

③ 南アメリカの産業と開発

基本

1 右のブラジルの輸出品の変化を示すグラフを見て，あとの問いに答えなさい。

✓ チェック P113 **3** ①② (各9点×3　27点)

(1) 次の文にあてはまる輸出品を，グラフ中から選んで書きなさい。

必出 ① 1960年の輸出の半分以上の割合を占めている。

必出 ② 1960年，2017年のどちらにも上位にでてくる鉱産資源で，世界で第2位の輸出量をほこる。

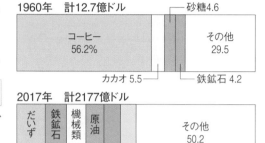

1960年　計12.7億ドル
コーヒー 56.2%　砂糖4.6　その他 29.5　カカオ 5.5　鉄鉱石 4.2

2017年　計2177億ドル
だいず 11.8%　鉄鉱石 8.8　機械類 8.1　原油 7.6　その他 50.2　肉類 6.9　自動車 6.6
（国連資料ほか）

(2) グラフから，重化学工業が発展していることもわかる。ブラジルを含めた，経済成長が著しい国々の頭文字をとった名称を書きなさい。

2 次の文の{ }の中から，正しい語句を選んで書きなさい。

✓ チェック P113 **3** ①③ (各7点×4　28点)

(1) アルゼンチンのパンパでは{ 米　小麦　オリーブ }の生産や牛の放牧がさかんである。

(2) ベネズエラでは{ 石油　銅　鉄鉱石 }の生産がさかんである。

(3) かつてのブラジルの輸出品の多くはコーヒー，砂糖であったが，2017年は{ 鉄鉱石　だいず　石炭 }が第1位となっている。

(4) 南アメリカでは都市化が進んでいる一方で，{ サヘル　オアシス　スラム }と呼ばれる貧困層がくらす地域が拡大している。

得点UP コーチ

1 (1)①植民地時代から大農園で栽培されてきた代表的な農作物。(2)それぞれの国の頭文字をとる。

2 (1)温帯草原といわれる。(2)西アジア諸国で多く産出される鉱物資源。(4)大都市の中に形成されることが多い。

発展

3 次の文を読み，あとの問いに答えなさい。

✓ チェック P113 **3** ② (各9点×5　45点)

　アマゾン川流域は長い間手つかずの自然が広がる土地だった。20世紀後半になって，熱帯林地域の大規模な開発が始まった。アマゾン盆地を横断する大きな道路が建設され，道路沿いの熱帯林が広い範囲で切り出され，　①　は世界各国に輸出された。伐採したあとの土地は　②　や農地に変えられ，肉牛が飼育され，輸出用の農作物がつくられている。

　一方，職を失って都市へ移った農民のうち，経済的に困窮した人々によって　③　という地域が形成された。また，カラジャスの鉄山を開発するためにも熱帯林が切り開かれ，鉄鉱石を運ぶ鉄道もつくられた。熱帯林が大規模に失われているため，地球環境への影響が問題となっている。

(1)　　　①，②にあてはまる語句を{ }の中から選んで書きなさい。

{ 牧場　　木材　　小麦　　工場 }

①

②

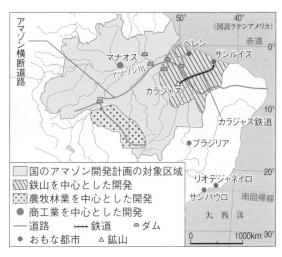

(2)　　　③が形成されることにより，貧困，経済格差の拡大，治安の悪化などが懸念される。あてはまる語句を書きなさい。

③

(3)　下線部について，熱帯林の減少によって心配されている環境問題を{ }の中から二つ選んで書きなさい。

{ オゾン層の破壊　　地球温暖化　　酸性雨　　貴重な動植物の絶滅 }

· ·

得点UP コーチ

3 (1)経済を発展させるために，輸出できるものをつくり出す地域開発が行われる。

(3)森林はどんな働きをもっているか，森林　　　の働きに注目。

南アメリカ州

1 右の地図を見て，次の問いに答えなさい。

✅ **チェック** P112 **1** ①②③，P113 **2** ②，**3** ① (各6点×9　54点)

(1) 地図中のア～エで示した緯線の中から赤道にあてはまるものを選んで，記号を書きなさい。

　　　　　　　　　　

(2) 地図中の⑧河川，ⓑ熱帯林，ⓒ温帯草原の名称を書きなさい。

　ⓐ　　　　　　　　

　ⓑ　　　　　　　　

　ⓒ　　　　　　　　

(3) 右下の雨温図にあてはまる都市を，地図中から選んで書きなさい。

　　　　　　　　　　

(4) 次の文は，地図中のAの国について述べたものである。文中の①～③にあてはまる語句を{ }の中から選んで書きなさい。

　　① 語を公用語とするこの国は世界一のコーヒーの生産地として知られるが，農業の ② 化や工業化を進めてきた。農業ではコーヒーのほか， ③ やとうもろこしなどの生産量が多い。

{ 米　　スペイン　　ポルトガル　　多角　　だいず }

①　　　　　　　　　　②　　　　　　　　　　

③　　　　　　　　　　

(5) 地図中のAの国名を書きなさい。

得点UP
コーチ

1 (1)エクアドルが，スペイン語で「赤道」という意味。(2)⑧流域面積が世界一の川である。(3)気温の変化の形に着目。

(4)①ほとんどの国がスペインの植民地となったが，この国はスペインの隣にある国の植民地だった。

2 右の地図を見て，次の問いに答えなさい。

✔ **チェック** P113 **3** ((1)〜(4)各6点×5　(5)〜(7)各4点×4　46点)

(1)　地図中のベネズエラとチリで多く産出される鉱産資源を{　}の中から選んで書きなさい。

　　{　石炭　　銅　　石油　　金　}

　　　　　ベネズエラ…　[　　　　　]

　　　　　チリ…………　[　　　　　]

(2)　地図中の**A**の川の流域を開発するために，建設された道路の名を書きなさい。

　　　　　[　　　　　]

(3)　地図中の**B**は，かんがいと機械化による大規模な農業開発が行われた。この地域は何と呼ばれているか。カタカナで書きなさい。

　　　　　[　　　　　]

(4)　地図中の**B**で，近年栽培に力を入れているさとうきびからつくられるアルコール燃料は何と呼ばれるか，カタカナで書きなさい。

　　　　　[　　　　　]

(5)　アマゾンの熱帯林を切り開き，開発された世界有数の鉄山を何というか書きなさい。

　　　　　[　　　　　]

(6)　経済成長の著しい大国として，ブラジル，中国などの頭文字をとってつけられたことばをアルファベットで書きなさい。

　　　　　[　　　　　]

(7)　開発が進むことでひきおこされる問題を下の{　}の中から二つ選んで書きなさい。

　　{　スラムの拡大　　貧困の拡大　　農場の拡大　　輸出の拡大　}

　　　　　[　　　　　]　　　　　[　　　　　]

**得点UP
コーチ**

2 (1)ベネズエラはOPEC(オペック)の加盟国。

(2)アマゾン川流域の低地をアマゾニアという。アマゾニア開発でつくられた道路。

(4)とうもろこしも利用される。

(6)ブラジル・ロシア・インド・中国・南アフリカ共和国のこと。

123

要点
チェック

10 オセアニア州

1 オセアニアの自然とくらし ドリル P128

①オセアニア州の構成

● <u>オーストラリア大陸</u>とニュージーラ
└一つの大陸が一つの国
ンドなどの<u>太平洋に広がる島々</u>で構
ポリネシア，ミクロネシア，メラネシアに区分←
成される。

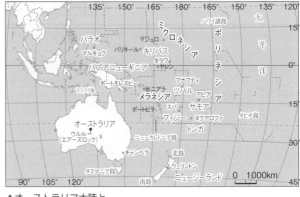

▲オーストラリア大陸と
オセアニアの国々

②オセアニアの自然

● <u>オーストラリア大陸</u>…年降水量
└世界でもっとも古い平坦な土地
500mm以下の草原や砂漠地域が3
分の2を占める■》「<u>乾燥大陸</u>」。
かんそう

・オーストラリアの風景…コアラや

カンガルー。<u>グレートバリアリー</u>
└北東岸にあるさんご礁
<u>フ</u>や<u>ウルル(エアーズロック)</u>。
└世界最大級の一枚岩。世界遺産

▲ウルル(エアーズロック)

● **気候のようす**

・温帯…<u>オーストラリア南東部と南西部</u>。<u>ニュージーランド</u>。
└首都キャンベラやシドニー，メルボルンなどの大都市　└農業がさかん
・熱帯…オーストラリア北部と<u>パプアニューギニア</u>など。
└熱帯林が広がる。

③オセアニアの島々の特徴
とくちょう

● <u>火山島</u>…面積が大きく，斜面が急。土地が肥えているので
しゃめん
植物が茂り，資源も豊富■》サモ
しげ
ア，ハワイ諸島，トンガなど。

● **さんご礁の島**…水と土壌が乏しく，
しょう　　　　　どじょう　とぼ
└さんご礁が海面にせり出してできる
農業を行うためにかんがい設備を整
備■》<u>キリバス，ツバル</u>。
└地球温暖化によって海面が上昇し，水没する危険性

▲ツバルのようす

④オセアニアの文化…ミクロネシアではインドネシアの影響。
えいきょう
影響を示す住宅や織物が見られる←

● **先住民の伝統的な宗教**■》ヨーロッパ諸国の進出によって，

キリスト教が多数を占めるようになる。

● **先住民の文化の復活**…<u>アボリジニ</u>(オーストラリア)の美術
└先住民。狩猟や採取で生活
や<u>マオリ</u>(ニュージーランド)のおどり。

覚 え る と 得

大鑽井盆地
だいさんせいぼんち

グレートディバイ
ディング山脈の西側
に広がる盆地。グ
レートアーテジアン
盆地ともいう。鑽井
とは自然に水を噴出
ふんしゅつ
する井戸のこと。掘
り抜き井戸が見ら
ぬ
れ，羊や牛の飼育に
利用されてきた。

先住民

オーストラリアには
アボリジニ。ニュー
ジーランドにはマオ
リという先住民がい
る。イギリスの植民
者によって土地を奪
うば
われ人口が激減し
た。近年，先住民族
との共存が進んでい
る。

2 オセアニアの産業 ドリル P130

①**オーストラリア**…**イギリス人**によって開発。
  └→移民

- ●**自然環境に合った農牧業**

  ・羊の飼育…東部と南西部。
    └→比較的降水量が多い
  ・牛の飼育…北東部から北部。
    └→肉牛の輸出が世界有数 └→地下水を利用した飼育など
  ・東部や南部の沿岸部…作物栽培と牧畜を組み合
    └→さいばい └→ぼくちく

    わせた農業。

- ●**豊富な資源**…有数の鉱産資源に恵まれた国。
  └→めぐ

  ・東部で**石炭**，北西部で**鉄鉱石**。**天然ガス**も増加。
    └→大規模な露天（ろてん）掘りの鉱山が見られる
  ・金や銅，ボーキサイトやウランは北部や南西部。
    └→原子力発電の燃料

- ●**オーストラリアの輸出品や貿易相手国の変化**

  ・輸出品…1960年の輸出品は羊毛が40％。近年は石炭，
    └→肉類の輸出も多い
    鉄鉱石などの原料，機械類も増えている。

  ・貿易相手国…1960年にはイギリス，近年は中国が1位。
    └→アジア諸国とのつながりが強くなる(APEC主導)

②**ニュージーランド**…畜産がさかんな国。

- ●**牛や羊の飼育**…北島では酪農用の乳牛。羊は羊肉用。
  └→らくのうよう

③**太平洋の島国**…1960年代以降西サモア，フィジー，パプ

  アニューギニアが独立■≫観光収入によって発展。
    └→近年,アジア人の観光客が増加

- ●**トンガ**…日本と同じ品種のかぼちゃが栽培され．日本に輸
  └→親日の国。学校の授業でそろばん。ラグビー選手が日本で活躍
  出■≫日本でかぼちゃの少ない時期に輸出。

3 移民と多文化社会 ドリル P132

①**白豪主義とその転換**
  └→はくごう　　　└→てんかん
  └→オーストラリアで行われた

- ●**白豪主義**…ヨーロッパ系以外の移民を制限。
    └→金の採掘(さいくつ)により，中国系移民が増えたため
- ●**白豪主義の転換**…非ヨーロッパ系の移民を受け入れ。
  └→1970年代以降にアジアとの結びつきが強まり，経済発展のために転換

② **多文化社会をめざして**…アジアからの移民が増加。
    └→1970年代以降

- ●**チャイナタウン**…シドニーやメルボルンの大都市。
  └→さまざまな地域出身の華人が生活
- ●**オーストラリアには多様な民族が共存**…それぞれの文化を

  尊重する**多文化社会**を国の方針とする。

- ●**先住民であるアボリジニの先住権が認められる**（1993年）。
  └→アボリジニの土地は「所有者のいない土地」とみなされ，奪われていた

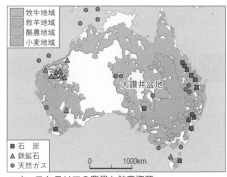

牧牛地域
牧羊地域
酪農地域
小麦地域

大鑽井盆地

■ 石 炭
▲ 鉄鉱石
● 天然ガス

0　　1000km

▲オーストラリアの農業と鉱産資源

覚 え る と 得

エイペック
APEC

アジア太平洋経済協
力の略。1989年に
オーストラリア主導
で結成された。アジ
ア諸国と経済協力を
進めることを目的と
している。

オセアニアの国旗

オーストラリア，
ニュージーランドな
どオセアニアの国々
の国旗の中には，イ
ギリスの国旗（ユニ
オンジャック）が
入っているものがあ
る。これはイギリス
連邦の一員であるこ
└→れんぽう
とを示している。

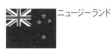
ニュージーランド

ツバル

オセアニア州

1 【オセアニア州の構成】次の通り地図にかき込み，問いに答えなさい。

✅ チェック P124 **1** ① (各7点×5　35点)

(1) 地図ワーク オーストラリア大陸を斜
線(▨)でぬりなさい。

(2) オセアニア州はオーストラリア大陸
と{ マダガスカル　ニュージーラ
ンド }と南太平洋の島々からなって
いる。{ }の中から正しい語句を選ん
で書きなさい。

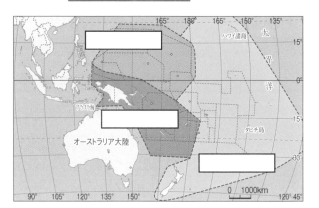

(3) 南太平洋の島々は，三つの区域に分けられている。地図中の◻◻にあてはまる地域
名を，{ }の中から正しい語句を選んで書きなさい。

{ ポリネシア　メラネシア　ミクロネシア }

2 【オセアニア州の自然と気候】次の通り地図にかき込み，問いに答えなさい。

✅ チェック P124 **1** ② (各5点×6　30点)

(1) 地図ワーク 熱帯の気候を斜線(▨)でぬりなさい。

(2) 次の文の{ }の中から正しい語句を選んで書き
なさい。

① オーストラリアの北部は熱帯の気候帯で，南
東部と南西部で{ 温帯　冷帯 }の気候が見
られる。

② 大陸の大部分は砂漠と草原が広がっている。
そのため,{ 緑の大陸　乾燥大陸 }と呼ば
れている。

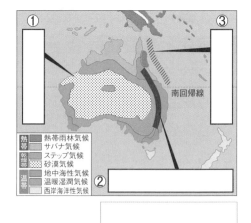

(3) 地図中の◻◻①〜③にあてはまる地名や都市名を{ }の中から選んで書きなさい。

{ グレートディバイディング山脈　グレートバリアリーフ　グレートサンディー砂
漠 }

3 【オーストラリアの農牧業】次の通り地図にかき込み，問いに答えなさい。

✔ **チェック** P125 **2** ① （各5点×3 15点）

(1) 〔地図ワーク〕大鑽井盆地（だいさんせいぼんち）を斜線（▨）でぬりなさい。

(2) 次の文の{ }の中から正しい語句を選んで書きなさい。

① 東部や南西部では，雨が降り牧草が育つので，{ 豚（ぶた） 羊 }の放牧がさかんである。

②　地下水を利用した牛の飼育は，オーストラリアの{ 北東部 南部 }で行われている。

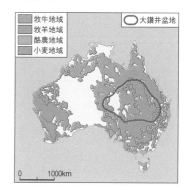

牧牛地域	◯大鑽井盆地
牧羊地域	
酪農地域	
小麦地域	

0　　1000km

4 【オーストラリアの鉱産資源】次の通り地図にかき込み，問いに答えなさい。

✔ **チェック** P125 **2** ① （各5点×2 10点）

(1) 〔地図ワーク〕地図中の□は，石炭の産地を示している。□を黒くぬりつぶしなさい。

(2) 石炭の産地は，オーストラリアの{ 東部 西部 }，鉄鉱石は北西部にある。{ }の中から正しい語句を選んで書きなさい。

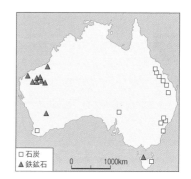

□ 石炭
▲ 鉄鉱石

0　　1000km

5 【移民】右のグラフを見て，次の問いに答えなさい。

✔ **チェック** P125 **3** （各5点×2 10点）

(1) 1901年のオーストラリアの移民で最も多いのは，どこからの移民か。

(2) 1981年ごろから増えはじめ，2016年には最も多くの割合を占める移民はどこからの移民か書きなさい。

	ヨーロッパ州
	アジア州
	アフリカ州
	南北アメリカ州
	オセアニア州
	出身国不明

1901年
86.5万人　87.2%　5.4　0.3　1.4*　4.2　1.5　4.4　1.6

1961年
177.9万人　89.7%　1.1*　3.1　0.1

1981年
312.8万人　70.7%　2.9　2.9　6.2　5.7　11.6　3.6　3.1

2001年
514.0万人　41.3%　22.3　8.9　20.8

2016年
691.2万人　25.1%　31.9　8.2　30.7　2.6　1.5

0万人　200　400　600

*南北アメリカ州

（オーストラリア統計局資料）

▲オーストラリアへの地域別移民の変化

書き込みドリル

① オセアニアの自然とくらし

1 次の文にあてはまるものを，右の地図から選んで書きなさい。

✅ チェック P124 **1** ①② (各6点×4 24点)

(1) オーストラリア大陸の東側にある島国で，南と北の二つの島を中心に構成されている国。

（空欄）

(2) オーストラリアの中東部にある盆地（ぼんち）。

（空欄）

(3) オーストラリア大陸の東に南北に連なる山脈。

（空欄）

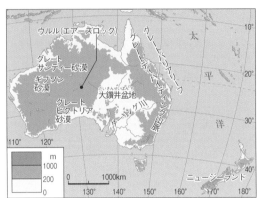

(4) オーストラリアの観光地となっている世界最大級の一枚岩で，世界遺産にも登録されている。

（空欄）

2 次の文の{ }の中から，正しい語句を選んで書きなさい。

✅ チェック P124 **1** ①②④ (各7点×4 28点)

(1) オセアニア州はオーストラリア大陸と{ アイルランド ニュージーランド キューバ }を中心とする南太平洋の島々からなっている。

（空欄）

(2) 南太平洋の島々は，ポリネシア，メラネシア，{ インドネシア ミクロネシア オーストラリア }の三つの地域に区分されている。

（空欄）

(3) オーストラリア大陸は{ 乾燥（かんそう） 水 黄色い }大陸と呼ばれ，草原や砂漠（さばく）が大陸の面積の3分の2を占めている。

（空欄）

(4) オセアニアの住民は大半が{ イスラム教 ユダヤ教 キリスト教 }の信者である。

（空欄）

- -

**得点UP
コーチ↑**

1 (1)かつては，オーストラリアと同じくイギリスの植民地だった。
(2)掘（ほ）り抜（ぬ）き井戸が見られる。

2 (1)オセアニアにある大きな島。
(4)ヨーロッパの植民地が多いことに注目。

発展

3 次の問いに答えなさい。

✓ **チェック** P124 **1** ①②④ (各6点×5 30点)

(1) オーストラリア大陸は北半球，南半球のどちらにあるか書きなさい。

(2) オーストラリアのクリスマスはどの季節に行われるか書きなさい。

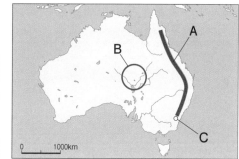

(3) 右の地図の**A**の山脈名と**B**の付近に広がる盆地の名を書きなさい。

A [   ]　　　　B [   ]

(4) **C**はオーストラリアの首都である。この都市の名を，{ }の中から選んで書きなさい。

{ メルボルン　　シドニー　　キャンベラ }　　[   ]

4 次の文を読んで，あとの問いに答えなさい。

✓ **チェック** P124 **1** ③ (各6点×3 18点)

南太平洋の島々には ① のはたらきによってできた島と ② が海面にせり出してできた島がある。 ① の島々は面積が大きく地形が複雑で，動植物や資源なども豊富である。一方， ② の島々は面積が小さく，風景は美しいが水や資源に乏しい。

(1) ①，②にあてはまる語句を書きなさい。

①[   ]　　　②[   ]

(2) 下線部にあてはまる島を，{ }の中から選んで書きなさい。

{ ツバル　　ニューカレドニア　　ハワイ諸島 }　　[   ]

得点UP
コーチ

3 (1)オーストラリアは日本と赤道をはさんで反対側にある。(2)オーストラリアでは日本と季節が反対になる。

4 (1)①斜面が急な島が多い。②平らな島が多く，農業に不向きな土地が多い。
(2)地球温暖化で水没が心配されている。

2 オセアニアの産業

1 次の文の{ }の中から，正しい語句を選んで書きなさい。

✓ チェック P125 **2** (各5点×4　20点)

(1)　オーストラリアでの羊の飼育は，比較的降水量が多く，牧草がよく育つ環境である
{　東部　　中央部　　北西部　}と南西部に広がっている。

（　　　　　）

(2)　ニュージーランドでは{　乳牛　　羊　　にわとり　}の飼育がさかんで，人間の6倍
以上の頭数がいるといわれる。

（　　　　　）

(3)　オーストラリアの輸出品は1960年には{　金　　小麦　　羊毛　}が約4割を占めて
いたが，2017年には鉄鉱石や石炭そして液化天然ガスの占める割合が高くなっている。

（　　　　　）

(4)　南太平洋の小さな国々では{　観光業　　鉱業　　農業　}で生計をたてている国が多い。

（　　　　　）

2 次の文の　　　　にあてはまる語句を，下の　　　の中から選んで書きなさい。

✓ チェック P125 **2** ① (各7点×3　21点)

　　オーストラリアは鉱産資源が豊富な国である。① 　　　　　　　　　　　はおもに北西
部，② 　　　　　　　　　　はおもに東部で採掘されている。これらの鉱山や炭鉱では，
右の写真のように地面を直接けずっていく
③ 　　　　　　　　　　という方法で大規模で効率のよ
い採掘が行われている。

露天掘り　　鉄鉱石　　ダイヤモンド　　石炭

1 (2)ニュージーランドは観光立国でもあ
る。(3)かつてはヨーロッパに工業用の原料
として輸出されていた。

(4)島にはさんご礁が多い。

2 ①②日本の製鉄所で原料として使う鉱
産資源である。

発 展

3 右の地図やグラフを見て，次の問いに答えなさい。

✓チェック P125 **2** (各7点×5　35点)

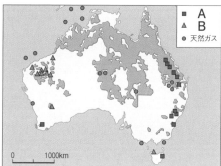

(1) 地図中のA・Bで示したところは，日本に大量に輸出している鉱産資源のおもな産地である。それぞれの鉱産資源名を書きなさい。

A ［　　　　　　　］　　B ［　　　　　　　］

(2) オーストラリアでの産出も多く，原子力発電の燃料である資源を書きなさい。［　　　　　　　］

(3) 右の地図中の　　の地域はどのような農牧業がさかんな地域か。次の{ }の中から選んで書きなさい。

［　　　　　　　　　　　　　］

{ 小麦の栽培（さいばい）　肉牛の飼育　羊の飼育　酪農（らくのう） }

(4) 右の円グラフはある畜産物（ちくさんぶつ）の輸出国の割合を示している。牛肉・豚肉（ぶたにく）・羊肉のうち，どの畜産物を示したものか書きなさい。

［　　　　　　　　　　　　　］

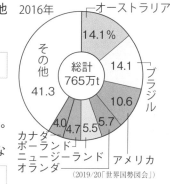

2016年　総計765万t
オーストラリア 14.1%　14.1　ブラジル　10.6　アメリカ 5.7　ニュージーランド 5.5　オランダ 4.7　ポーランド 4.0　カナダ　その他 41.3
(2019/20「世界国勢図会」)

4 右のグラフを見て，次の問いに答えなさい。

✓チェック P125 **2** ① (各8点×3　24点)

(1) 右のグラフのAとBの国の名を書きなさい。

A ［　　　　　　　］　　B ［　　　　　　　］

(2) つながりの深い地域の変化について読みとれることを書きなさい。

［　　　　　　　　　　　　　　　　　　　］

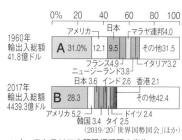

	0%	20	40	60	80	100

1960年　輸出入総額 41.8億ドル　A　アメリカ 31.0%　日本 12.1　マラヤ連邦4.0　9.5　その他31.5　フランス4.9　ニュージーランド3.8　イタリア3.2

2017年　輸出入総額 4439.3億ドル　B　28.3　日本 3.6　インド 2.6　香港 2.1　その他42.4　アメリカ5.2　韓国 3.4　タイ 2.5　ドイツ 2.4
(2019/20「世界国勢図会」ほか)

▲オーストラリアの貿易相手国の変化

- - - - - - - - - -

得点UP
コーチ

3 (1)■はオーストラリアの東部に分布，▲は北西部に分布していることに注目。

(3)北部や北東部の海岸ぞいに多いことに注目。

4 (1)かつてオーストラリアを植民地としていた国との貿易が多かった。

⑩ オセアニア州

❸ 移民と多文化社会

基本

1 次の文の{ }の中から，正しい語句を選んで書きなさい。

✓ チェック P125 ❸ (各8点×4　32点)

必出 (1) オーストラリアは18世紀後半に{　イギリス　　　フランス　　　アメリカ　}の植民地と

なり，白人が移民するようになった。

必出 (2) 20世紀はじめから1970年代にかけて，{　アパルトヘイト　　　多文化主義　　　白豪主

義 }によって，白人以外の移民が制限された。

(3) 1970年代からは白人以外の移民も受け入れるようになり，今ではシドニー，メルボ

ルンなどの大都市には{　チャイナタウン　　　リゾート　　　スラム　}が形成され，さま

ざまな地域出身の華人が生活している。

(4) オーストラリアの先住民は{　インディオ　　　イヌイット　　　アボリジニ　}と呼ばれ

ている。

---

2 次の文の　　　　にあう語句を，下の　　　　の中から選んで書きなさい。

✓ チェック P124 ❶ ④，P125 ❸ ① (各7点×4　28点)

(1) アボリジニを中心とする先住民の人々の生活は，① 　　　　　　　・採取にた

よるものだった。ニュージーランドには，② 　　　　　　　という先住民がいる。

ラグビーのニュージーランド代表は，試合前に ② で受けつがれた「ハカ」を踊る。

(2) オセアニアの国々の中には，国旗に① 　　　　　　の国旗がえがかれている

国がある。それはこれらの国々が ① の② 　　　　　　だったなごりである。

> エスキモー　　　フランス　　　イギリス　　　マオリ　　　狩猟　　　植民地　　　農耕

得点UP
コーチ↑

1 (1)オーストラリアの国旗に注目。

(2)1970年代からは，アジアを中心にヨーロッパ以外からも移民を積極的に受け入れる。

(3)華人という語句に注目。

2 (2)①この国の国旗はユニオンジャックと呼ばれることもある。

発展

3 次の文を読んで，下の問いに答えなさい。

✓ **チェック** P125 **3** (各8点×5　40点)

> オーストラリアの総人口は，出生率の低下にもかかわらず増加している。これは⒜移民の人口が増えているためである。移民が増えたのは，⒝白人を優先して移民させ，有色人種の移民を制限する政策がなくなったからである。現在では，さまざまな地域からの移民とその子孫が⒞オーストラリアの社会をつくっている。

(1) 下線部⒜について，1981年から割合が増えている移民の地域を{ }の中から選んで書きなさい。

{ アジア州　　ヨーロッパ州 }

(2) 下線部⒝の政策を何というか書きなさい。

▲オーストラリアへの地域別移民の変化

```
1901年        ヨーロッパ州 アジア州 アフリカ州 南北アメリカ州 オセアニア州 出身国不明
86.5万人    87.2%      5.4  0.3 1.4* 4.2 1.6
1961年      89.7%              4.4 1.6 1.1* 3.1
177.9万人                     1.5  0.1
1981年      70.7%              3.6  3.1 2.9 2.9
312.8万人              11.6   6.2 5.7           *南北アメリカ
2001年      41.3%      22.3  8.9  20.8
514.0万人
2016年      25.1%      31.9  2.6 8.2 1.5 30.7
691.2万人
            0万人    200    400    600
                              (オーストラリア統計局資料)
```

(3) 下線部⒞について，次の文の　①　～③にあてはまる語句を下の{ }の中から選んで書きなさい。

> オーストラリアでは，異なる言語や文化をもつ人々がくらしていくうえで不利にならないように，さまざまな文化が　①　のできる社会の実現をめざす　②　社会を国の方針にしている。こうした中で，1993年には先住民である　③　の先住権が認められ，以前の居留地域の所有権が認められるようになった。

①　　　　　　　　　②　　　　　　　　　③

{ メスチソ　　人権　　アボリジニ　　循環型(じゅんかん)　　多文化　　共存　　マオリ }

**得点UP
コーチ↑**

3 (1)いろいろな地域に住む華人(かじん)に代表される。(2)1970年代まで続いた政策。(3)イギリス系以外の住民が参加したことにより，食生活をはじめとしてさまざまな文化を尊重することが重要となった。

まとめのドリル

オセアニア州

1 次の問いに答えなさい。

✔ チェック P124 **1** ①② (各5点×6 30点)

(1) 次の文の [   ] にあてはまる語句を書きなさい。

① オーストラリアは一つの [   ] が一つの国になっている。

② オーストラリアの中央には世界最大級の一枚岩であり，世界遺産にもなっている [   ] がある。

③ オーストラリア大陸の中東部には [   ] 盆地がある。

(2) 南太平洋の島々は三つの地域に分けられる。その地域名を書きなさい。

[   ] [   ] [   ]

2 次の文を読んで，あとの問いに答えなさい。

✔ チェック P125 **2** ① (各6点×4 24点)

オーストラリアは世界有数の羊毛の生産国で，かつては ⓐ羊毛の輸出が主であった。19世紀の後半に鉄道が発達して ⓑ小麦栽培が広がり，肉牛の飼育もさかんになった。また，ⓒ鉱産資源の開発も進み，それらが近年の輸出品の中心である。

(1) 下線部ⓐについて，このころのオーストラリアの貿易相手国として第1位だった国の名を書きなさい。

[   ]

(2) 下線部ⓑについて，小麦の生産と肉牛の飼育のさかんな地域を右の地図のA～Dから選んで，記号を書きなさい。

小麦 [   ] 肉牛 [   ]

(3) 下線部ⓒについて地図中の■は日本に多く輸出されている鉱産資源である。この鉱産資源の名を書きなさい。

[   ]

■ 鉄鉱石
● 天然ガス
0 [____] 1000km
■A ■B ■C ■D

得点UP コーチ

1 (1)①オーストラリア大陸は世界で最も古い，平坦な大陸である。
③オーストラリアを代表する盆地。名称は自然に噴出する井戸の意味である。

2 (1)オーストラリアの国旗にはこの国の国旗がはいっている。

3 次の文を読んで，あとの問いに答えなさい。

✓ チェック P124 **1**, P125 **3** （各5点×6　30点）

　オーストラリアは，18世紀末に　①　の植民地になったが，19世紀半ばから　①　からの ⓐ移民が急に増加し，そのために ⓑ先住民は生活の場をうばわれ，内陸の乾燥地に追いやられた。また，　②　主義をとり，都市に住む豊かな白人の社会をつくりあげ，その名ごりは1970年代まで続いた。ニュージーランドもオーストラリアと同じように移民の国で，ⓒ先住民は圧迫された。現在では，オーストラリアでは　②　主義の政策は転換され ⓓ有色人種の移民が増え，多文化社会となっている。

必出 (1)　上の文の　①，②にあてはまる語句を書きなさい。

①　　　　　　　　　　　　　②

(2)　下線部ⓐについて，移民が増えたのはオーストラリアでどんな鉱産資源が発見されたからか，鉱産資源の名を書きなさい。

必出 (3)　下線部ⓑとⓒの先住民の呼び名をそれぞれ書きなさい。

ⓑ　　　　　　　　　　　　　ⓒ

(4)　下線部ⓓについて，どこの地域からの移民が増えているか。次の{　}の中から一つ選んで書きなさい。{ ヨーロッパ　　アジア　　南アメリカ }

4 次の文にあてはまる南大平洋の島国の名を，下の{　}の中から選んで書きなさい。

✓ チェック P124 **1** ③, P125 **2** ③ （各8点×2　16点）

(1)　親日的な国で，日本向けのかぼちゃの栽培をしている。

(2)　さんご礁でできた島国で，海面が上昇すると水没の危険性があるといわれている。

{ ハワイ諸島　　トンガ　　ツバル　　パプアニューギニア　　サモア }

**得点UP
コーチ**

3 (1)②白人を優先して移民させる政策。
(2)ゴールドラッシュが始まった。
(4)シドニーやメルボルンなどの大都市に

チャイナタウンがつくられている。

4 (1)親日的な国として知られる。日本でラグビー選手として活躍する人もいる。

北アメリカ州 / 南アメリカ州 / オセアニア州

1 右の地図を見て，次の問いに答えなさい。

✓ チェック P98 **1** ②，P99 **3** ①，**4** (各6点×6　36点)

必出 (1) 地図中のAの山脈名を書きなさい。

(2) 地図中のBは，農業地域を示している。この農業地域でおもに栽培されている作物を{ }の中から選んで書きなさい。

{　小麦　　綿花　　とうもろこし　}

(3) 地図中のCの工業地域について，次の文の ① ~ ③ にあてはまる語句や地名を書きなさい。

● この工業地域はメサビの ① と ② の石炭を， ③ の水運で結びつけて発展した。

①　　　　　　　　　②

③

(4) 次の文にあてはまる都市を，地図中の●印から選んで都市名を書きなさい。

● この都市は近くにカリフォルニア油田があり，石油化学や航空機産業がさかんである。

2 右の地図を見て，次の問いに答えなさい。

✓ チェック P124 **1** ①，P125 **2** ① (各6点×3　18点)

(1) この国やニュージーランドおよび，赤道の南北の南太平洋上に散在している多くの島々とまわりの海をあわせた広範囲な地域の名を書きなさい。

(2) 地図中のA，Bは日本にも輸出されている代表的な鉱産資源の産地である。この鉱産資源名を書きなさい。

A　　　　　　　　　　B

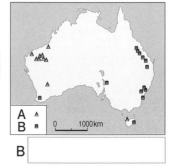

3 次の文と右の地図を見て答えなさい。

✅チェック P112 **1** ①②③, P113 **2** ① (各6点×3 18点)

> A アマゾン川の流域は ⓐ赤道付近に位置し，一年中高温多雨の気候で密林におおわれている。また，ラプラタ川流域の ⓑ草原は，温暖な気候で農牧業がさかんである。
>
> B 南アメリカ大陸では太平洋側に沿って南北に連なる大山脈があり，高地には古くから ⓒ先住民の文化がさかえていたが，16世紀にヨーロッパ人が侵略(しんりゃく)してきた。

(1) 下線部ⓐを表す緯線(いせん)を，地図中のア～エから選んで，記号を書きなさい。

(2) 下線部ⓑの草原は何と呼ばれているか。{ }の中から選んで書きなさい。

{ カンポ セルバ パンパ サヘル }

(3) 下線部ⓒについて，かつてこの地域で栄えていた文明の名を書きなさい。

---

4 ブラジルについて，次の問いに答えなさい。

✅チェック P113 **2** ①, **3** ① (各7点×4 28点)

(1) ブラジルを植民地としていた国を一つ選んで，記号を書きなさい。

ア アメリカ イ スペイン ウ ポルトガル

(2) 右の資料をもとに，ブラジルの貿易の様子を調べました。次の文の ①～③にあてはまる語句を書きなさい。

かつては輸出品の中心は ① であったが，近年は工業化が進み， ② 類なども多い。また，どちらの年も ③ の割合が高く，重要な鉱産資源である。

① 　　　　　　 ② 　　　　　　

③ 　　　　　　

カカオ5.5 ┌その他

1960年
13億ドル　コーヒー56.2%　　　25.9

砂糖4.6└　└綿花3.6
　　　鉄鉱石4.2

原油7.6┐┌肉類6.9

2017年　11.8 8.9%　　　その他56.7
2177億ドル

だいず　└鉄鉱石　└機械類8.1

(国連資料ほか)

▲ブラジルの輸出品の変化

学習日	月	日	得点	点

地理編　世界

1 次の略地図を見て，(1)〜(6)の問いに答えよ。〈鹿児島県改題〉

(各(1)〜(5)10点×5　(6)20点　70点)

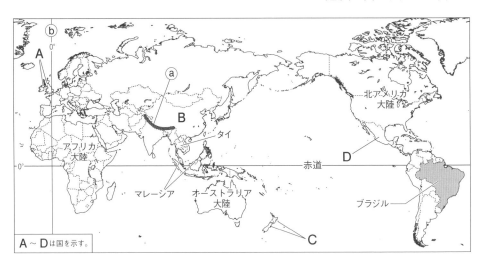

(1) 略地図中の ⓐ は，標高8000mをこえる山々が連なる山脈である。この山脈の名称を答えよ。

(2) 略地図中の ⓑ は，経度の基準となる経線である。これを何というか。漢字五字で書け。

(3) 略地図中のA〜D国について述べた文として最も適当なものはどれか。

ア　A国では，季節風の影響で降水量が多く，茶の栽培がさかんである。

イ　B国では，西部の乾燥地域を中心に米の二期作がさかんである。

ウ　C国では，先住民のマオリの文化を尊重する取り組みが行われている。

エ　D国では，主な言語としてフランス語を使用する人々の数が最も多い。

(4) 略地図中のブラジルのアマゾン川流域で行われてきた次の文のような農業を何というか。

> 森林や草原を焼き払い，その灰を肥料にして作物を栽培する農業。数年すると土地がやせて，作物が育たなくなるため，別の場所に移動して，これをくり返す。

(5) 資料1は，略地図中のアフリカ大陸，オース
トラリア大陸，北アメリカ大陸について，それ
ぞれの大陸における気候帯の分布割合を示した
ものである。アフリカ大陸にあてはまるものは
ア〜ウのどれか。

資料1

大陸 気候帯	ア	イ	ウ
熱帯	16.9%	38.6%	5.2%
乾燥帯	57.2%	46.7%	14.4%
温帯	25.9%	14.7%	13.5%
冷帯（亜寒帯）	—	—	43.4%
寒帯	—	—	23.5%

（地理統計要覧2019年版から作成）

(6) 外国企業の進出もあり，略地図中
のタイやマレーシアでは資料2に見
られるような変化があった。タイや
マレーシアの輸出品目と輸出総額の
変化の特徴について，資料2をもと
に答えよ。

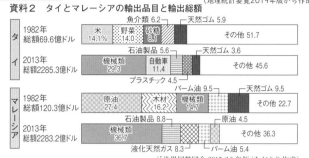

資料2　タイとマレーシアの輸出品目と輸出総額

（「世界国勢図会2015/16年版」などより作成）

2　オセアニア州に関する次の問いに答えなさい。〈富山県改題〉

（各10点×3　30点）

(1) 地図中の×は，資料1のⅠの鉱産資源の分布を示
し，●はⅡの鉱産資源の分布を示している。ⅠとⅡ
の鉱産資源名をそれぞれ書きなさい。

Ⅰ _____　Ⅱ _____

地図　オーストラリアのおもな鉱産資源産出地

(2) ニュージーランドに関する説明として，最も適切
なものを次のア〜エから一つ選び，記号を書きなさ
い。　_____

ア　南北に細長い国で，南の方が暖かく，北の方が
寒い。

資料1　日本の主な鉱産資源の輸出先

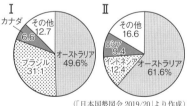

（「日本国勢図会 2019/20」より作成）

イ　南半球にある国で，首都のウェリントンは地球上では東京のほぼ正反対にある地点
（対せき点）にある。

ウ　オーストラリア大陸の南東に位置する国で，島国（海洋国）である。

エ　アルプス・ヒマラヤ造山帯に属する国で，地震の多い国である。

さくいん

「中学基礎100」アプリ［テスト前 5科4択］で, スキマ時間にもテスト対策！

問題集　　**アプリ**

＼ 日常学習 テスト1週間前 ／
『中学基礎がため100%』シリーズに取り組む！

＼ 定期テスト直前！ ／
テスト必出問題を「4択問題アプリ」でチェック！

アプリの特長

『中学基礎がため100%』の5教科各単元にそれぞれ対応したコンテンツ！
＊ご購入の問題集に対応したコンテンツのみ使用できます。

テストに出る重要問題を4択問題でサクサク復習！

間違えた問題は「解きなおし」で, 何度でもチャレンジ。テストまでに100点にしよう！

＊アプリのダウンロード方法は, 本書のカバーそで (表紙を開いたところ), または1ページ目をご参照ください。

中学基礎がため100%

できた！ 中学社会
地理 上

2021年3月　第1版第1刷発行
2024年1月　第1版第4刷発行

発行人／志村直人
発行所／株式会社くもん出版
　　　　〒141-8488
　　　　東京都品川区東五反田2-10-2
　　　　東五反田スクエア11F
　　　☎ 代表　　03(6836)0301
　　　　　編集直通　03(6836)0317
　　　　　営業直通　03(6836)0305

印刷・製本／TOPPAN株式会社

デザイン／佐藤亜沙美(サトウサンカイ)
カバーイラスト／いつか
本文デザイン／笹木美奈子・岸野祐美(京田クリエーション)
編集協力／株式会社カルチャー・プロ

©2021　KUMON PUBLISHING Co.,Ltd. Printed in Japan
ISBN 978-4-7743-3128-7

くもん出版ホームページ　　https://www.kumonshuppan.com/

＊本書は『くもんの中学基礎がため100%　中学社会　地理編　世界』を改題し, 新しい内容を加えて編集しました。

公文式教室では、
随時入会を受けつけています。

KUMONは、一人ひとりの力に合わせた教材で、
日本を含めた世界60を超える国と地域に「学び」を届けています。
自学自習の学習法で「自分でできた!」の自信を育みます。

公文式独自の教材と、経験豊かな指導者の適切な指導で、
お子さまの学力・能力をさらに伸ばします。

お近くの教室や公文式
についてのお問い合わせは

ミン ナ ニ　　　ヒャクテン
0120-372-100

受付時間 9:30〜17:30　月〜金（祝日除く）

教室に通えない場合、通信で学習することができます。

| 公文式通信学習 | 検 索 |

通信学習についての
詳細は
0120-393-373

受付時間 10:00〜17:00　月〜金(水・祝日除く)

お近くの教室を検索できます

| くもんいくもん | 検 索 |

公文式教室の先生になることに
ついてのお問い合わせは

0120-834-414

| くもんの先生 | 検 索 |

 公文教育研究会

公文教育研究会ホームページアドレス
https://www.kumon.ne.jp/

世界の地域区分

ユーラシア大陸

ヨーロッパ州

アジア州

アフリカ大陸

アフリカ州

オーストラリア
大陸

0　　　3000km

（赤道上の縮尺）

南極大陸

------ 州界

中学基礎がため100%

できた！中学社会

地理 上

別 冊
解答と解説

ていねいに引っぱってください。別冊解答になります。

1 世界のすがた

スタートドリル
P.6,7

1 (1) （下の図）

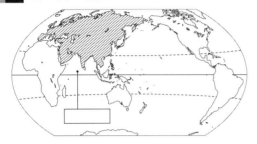

(2) ユーラシア大陸

(3) インド洋

2 (1) （下の図）

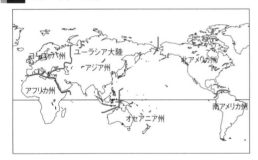

(2) アジア州

3 (1) （下の図）

(2) 緯線（いせん）

(3) 南アメリカ大陸，アフリカ大陸

4 (1) （下の図）

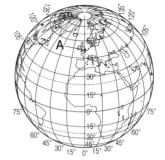

(2) 本初子午線

(3) ロンドン

5 (1) （下の図）

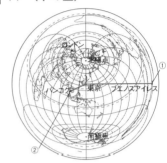

(2) ブエノスアイレス

(3) 南西

> **考え方** 正距方位図法（せいきょほうい）は，中心からの距離（きょり）と
> 方位が正しく表される地図である。
> 線は中心から正確に引くことが重要
> である。

6 (1) （下の図）

(2) ロシア連邦（れんぽう）

(3) ヨーロッパ州

1 世界の大陸と地域区分
P.8,9

1 (1) 3：7

(2) インド洋

(3) ユーラシア大陸
(4) 南太平洋

<table>
<tr><td>考え方</td><td>(1) 世界の面積は陸地より海洋の方が広い。海は南半球が広い。
(2) 地中海はヨーロッパ州・アジア州・アフリカ州に面している。北極海は北極に広がっている。
(4) オセアニア州のオーストラリア大陸は，大陸全体がオーストラリアという一つの国になっている。</td></tr>
</table>

2 (1) A 北アメリカ　B アフリカ
　　　C オセアニア
　(2) ① ヨーロッパ　② アジア

<table>
<tr><td>考え方</td><td>(1) Cは大洋州ともいい，オーストラリア，ニュージーランドのほか，メラネシア，ポリネシア，ミクロネシアなど，南太平洋に散在する島々からなる。</td></tr>
</table>

3 (1) A 北アメリカ　B アフリカ
　　　C インド　　　D 太平
　(2) ユーラシア大陸

<table>
<tr><td>考え方</td><td>(1) Aは，パナマ地峡で北と南に分かれる。Cは北側の沿岸国の名をとってつけられた海洋名である。
(2) 日本はユーラシア大陸の東の端にある海洋国（島国）である。この地域は「極東」とも呼ばれる。</td></tr>
</table>

4 (1) アフリカ州　(2) ロシア連邦
　(3) ① 西アジア　② 東アジア

<table>
<tr><td>考え方</td><td>(2) アジアとヨーロッパの二つの州を分けるのは，ウラル山脈～カスピ海～カフカス山脈～黒海～ボスポラス海峡を結ぶ線である。</td></tr>
</table>

② 緯度と経度
P.10,11

1 (1) 90度　(2) 180度

(3) 西経

<table>
<tr><td>考え方</td><td>(1) 赤道から北を北緯，南を南緯という。北緯と南緯は反対の関係となり，季節も反対になる。
(2) 経度0度の反対は180度である。本初子午線の西側を西経，東側を東経という。西経と東経は反対の関係になっている。</td></tr>
</table>

2 (1) A 緯線　　B 赤道
　　　C 本初子午線　　D 北極点
　(2) ロンドン

<table>
<tr><td>考え方</td><td>(1) 昔は，方位時刻を表すのに十二支が用いられた。子午線の「子」は北，「午」は南を意味し，北と南を結ぶ線ということで経線と同じ。本初は，「もと」「はじめ」の意味。本初子午線は0度となる。</td></tr>
</table>

3 (1) 0度
　(2) ① 北緯　② 南緯
　(3) 西経100度
　(4) 南緯36，西経40

<table>
<tr><td>考え方</td><td>(3) 図の経線は20度間隔である。ロンドンを通る0度から4本目が80度である。0度の反対にある180度の線から4本目は100度である。また，西経の西端の180度から80度を引いても求めることができる。</td></tr>
</table>

4 A スペイン　B ギリシャ
　　　C トルコ　　D 中国

<table>
<tr><td>考え方</td><td>北緯40度の線は，日本の秋田県大潟村付近を通る線である。この線は日本と外国の位置関係を比べるときに用いられるので，北緯40度を通る国を確認しておこう。</td></tr>
</table>

3

1 (1) 方位
(2) 拡大されて
(3) ブラジル

考え方 (1) 正距方位図法は，名前からわかるように，図の中心からの距離(距)と方位が正しい地図である。しかし図の中心以外からの距離や方位は正しくない。

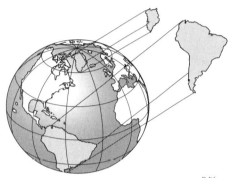

▲地球儀で南アメリカ大陸とグリーンランドの面積を比較すると

2 (1) ① 模型　② 形
(2) ③ 面積　④ 赤道　⑤ 直角

考え方 (2) メルカトル図法は地図上の二つの点を結んだ直線上では，経線に対してつねに同じ角度になるので，昔は船で海をわたるときに使われていた。

3 (1) 正距方位図法　(2) 赤道
(3) ① ソウル　② ブエノスアイレス
(4) 南アメリカ大陸，アフリカ大陸
(5) インド　(6) ① 北西　② 西

考え方 (2) 0度の緯線である。
(4) 東京を中心とした正距方位図法の地図では，東端と西端が細長く変形して表されるので注意。
(6) 八方位を，右の図を見て確認しておこう。

1 (1) 45
(2) 海洋国
(3) バチカン市国

考え方 (2) 海洋国(島国)としてはイギリスのほかに，日本，ニュージーランド，インドネシア，フィリピンなど多くの国がある。
(3) バチカン市国は，イタリアの首都ローマの市内にある。

2 (1) 中国　(2) アムール川
(3) ヒマラヤ山脈
(4) マダガスカル
(5) カナダ
(6) オーストラリア

考え方 (1) 人口は約14.3億人で，世界で1番人口が多い(2019年)。
(2) アムール川中流のハバロフスクから，モンゴルとの国境が分岐する近くまで国境線となっている。
(3) ネパールの首都カトマンズはヒマラヤ登山の基地になっている。

3 (1) ロシア連邦，アメリカ合衆国
(2) ① コロンビア　② エクアドル
(3) 内陸国

考え方 (1) 面積の大きい国は，ロシア連邦，カナダ，アメリカ合衆国，中国の順となっている。

4 (1) ① 山脈　② 緯線　③ 川
(2) 植民地

考え方 (1) ①はスカンディナビア山脈，②は北緯22度の緯線，③はリオグランデ川が国境である。
(2) ヨーロッパの国々がアフリカを植民地にしたとき，人々の生活とは関係なく，地図上にかってに線を引いて分割したためである。

まとめのドリル

P.16,17

1 (1) A ユーラシア大陸
B アフリカ大陸
(2) 本初子午線
(3) 北緯45，西経150

考え方 (1) A ユーラシア大陸は六大陸の
うちで最も大きな大陸である。日本
は日本海をはさんで大陸の東にある
海洋国（島国）である。
B アフリカ大陸は平野や山地の乏
しい大陸である。長く内陸のようす
が不明だったので暗黒の大陸とも呼
ばれていた。
(2) イギリスのロンドン付近を通る。
(3) ロンドンより西側にあるので西
経である。

2 (1) ア (2) 赤道
(3) 南アメリカ大陸

考え方 (1) 正距方位図法の地図なので，東
京と各地点を結んだ直線が，各地点
との最短距離となる。この最短距離
の最も長いものを選ぶ。アの都市
は，アルゼンチンの首都ブエノスア
イレスである。
(2) インドネシア，アフリカの中央
部，南アメリカのアマゾン川の河口
付近を通っているので赤道である。
赤道を通る国には，赤道であること
を示す看板などが置かれている。

3 (1) インド洋 (2) 内陸国
(3) エ (4) ローマ
(5) オセアニア州 (6) 東南アジア
(7) アンデス山脈 (8) エクアドル

考え方 (1) 三大洋とは，太平洋，大西洋，
インド洋のこと。
(2) Bはモンゴルである。モンゴル
と同じ内陸国としてはスイス，オー
ストリア，ネパール，アフガニスタ
ンなどがある。
(3) 日本の隣国の一つ。
(4) バチカン市国には，キリスト教
のカトリックの総本山である大寺院
がある。
(5) オーストラリアとニュージーラ
ンドと南太平洋の島々からなってい
るのでオセアニア州である。
(7) 南アメリカ大陸の西側を南北に
のびる山脈。中ほどにあるボリビア
の首都ラパスは標高3650mのとこ
ろにある高山都市である。
(8) 国名にはいろいろな由来があ
る。エクアドルのほかに，インドは
インダス川の川名から。シンガポー
ルは「ライオンの町」の意味。アメリ
カはイタリアの探検家アメリゴ・ベ
スプッチ（コロンブスのわずかあと
にアメリカを訪問）の名から。アラ
ブ首長国連邦のアラブとは「砂の民，
遊牧を行う人」という意味。

2 日本のすがた

スタートドリル

P.20,21

1 (1) （下の図）

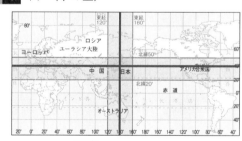

(2) あ 中国
い アメリカ合衆国
(3) あ ロシア
い オーストラリア
(4) 135度

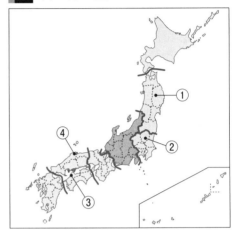

（4）　9時間

考え方 （4）　明石市の経度135度，ロンドンの経度0度。その差は135（度）－0（度）＝135（度）。15度で1時間の時差が発生するので，135（度）÷15（度）＝9（時間）となる。

4 （1）　（下の図）

（2）　中央高地，北陸
（3）　① 盛岡市
　　　② 宇都宮市
　　　③ 松山市
　　　④ 松江市

① 日本の位置と時差　P.22,23

1 （1）　ユーラシア　（2）　135　（3）　9
（4）　38　（5）　イタリア

考え方 （1）　アジア州とヨーロッパ州からなる。世界最大の大陸である。
（2）　兵庫県明石市や淡路島などを通過する。
（5）　オーストラリアは同経度の範囲にある。

2 （1）　① 択捉　② ロシア連邦
　　　③ 北方領土
（2）　① 標準時　② 標準時子午線
　　　③ 明石市

考え方 （1）　日本では秋田県の大潟村を通過する北緯40度の緯線は，ペキン（中国），アンカラ（トルコ），マドリード（スペイン）付近を通過し，アメリカではニューヨークの少し南を通過する。また，大潟村で北緯40度の緯線と交差する東経140度の経線は，ロシア連邦東部やオーストラリア中央部付近を通過する。

2 （1）　（下の図）

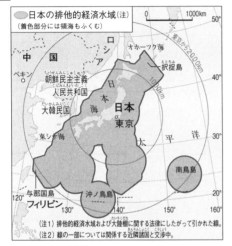

（2）　200海里　（3）　漁業
（4）　南鳥島

考え方 （2）　排他的経済水域とは領海の外側の海域で，領海とは異なり船の航行は自由であるが，その海域の水産資源や鉱産資源は沿岸国に権利があるとされる。沿岸から200海里（約370km）以内の海域とされている。

3 （1）　（下の図）

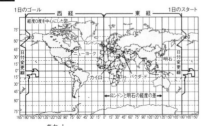

（2）　明石市
（3）　15度

考え方 (1) 千島列島のうち択捉島以南は，1855年に江戸幕府がロシアと結んだ日露和親条約で国境が確定して以来，日本固有の領土であるが，第二次世界大戦後，ソビエト連邦（ソ連）による占拠が続き，1991年のソ連解体後は，ロシア連邦がこれを引き継ぐ形で占拠している。
(2) 大きい国の中には，標準時を複数持つところもある。

3 (1) A 択捉島　　B 沖ノ鳥島
　　　C 南鳥島　　D 与那国島
(2) ユーラシア大陸　(3) 北方領土
(4) 約3千km

考え方 (1) 東西南北の端に位置する島の名は確実に覚えること。沖ノ鳥島は水没の危険性があったため，1970年代に，周囲にコンクリートの壁を築く護岸工事が行われた。与那国島は南西諸島に属する島で，約1700人（2020年）が住んでいる。

4 (1) 105
(2) 1月1日午前8時
(3) 1月1日午後3時

考え方 (1) 東経どうし，または西経どうしの場合は，大きい数字から小さい数字を引き算する。明石市が135度，カイロが30度なので，
135（度）－30（度）＝105（度）
(2) 時差は，経度15度で1時間生じる。経度差105度なら，105（度）÷15（度）＝7で，時差は7時間。東側にある明石市のほうが，時刻は先に進むので，カイロの時刻に7時間を加える。
(3) 経度差は75（度）＋135（度）＝210（度）
よって210（度）÷15（度）＝14で，14時間明石市が進んでいる。

---

2 47都道府県と地方区分　P.24,25

1 (1) 近畿地方　　(2) 九州地方
(3) 仙台市
(4) 北陸

考え方 (4) 残り二つは，中央高地と東海。

2 (1) 関東　(2) 九州　(3) 瀬戸内
(4) 東北

考え方 間違えたところは，要点チェックの地図を見て確認すること。

3 (1) ① 札幌市　　② 盛岡市
　　　③ 水戸市　　④ 宇都宮市
　　　⑤ 前橋市　　⑥ さいたま市
　　　⑦ 甲府市　　⑧ 金沢市
　　　⑨ 大津市　　⑩ 松江市
　　　⑪ 高松市　　⑫ 那覇市
(2) A 岐阜県　　B 鳥取県
　　C 宮崎県
(3) 近畿地方

考え方 (1) 県の名前とちがう名前の県庁所在地は出題されやすいので，場所とともに覚えておくとよい。

まとめのドリル　P.26,27

1 (1) ⓐ 沖ノ鳥　　ⓑ 南鳥
　　　ⓒ ユーラシア　　ⓓ 本州
　　　ⓔ 38　　ⓕ 135
(2) ロシア連邦
(3) 明石市

考え方 日本の分け方のうち，47都道府県（1都1道2府43県）とともによく用いられるのは，日本を北海道，東北，関東，中部，近畿，中国・四国，九州に分ける7地方区分である。このうち中部地方を，さらに北陸，中央高地，東海（三重県含む）の三つに分けることもある。

2 (1) 12海里　(2) 排他的経済水域
(3) 200海里

考え方 (1) 領海は領土と同じように国の主
権がおよぶ海域で，外国船が許可な
く航行することは禁止されている。
日本は，沿岸から12海里（約22km）
以内の海域を領海としている。
(2) 経済水域とも呼ばれる。

3 (1) 標準時子午線　(2) 標準時
(3) 明石市が6時間早い。
(4) 2月1日午後11時

考え方 (3) 1時間の時差は，経度差15度
で生じる。バクダッドと明石市の経
度差は，135（度）−45（度）＝90（度）。
時差は，90度÷15度＝6。明石市
の方が時刻は早い。
(4) ニューヨークと明石市の経度差
は，135＋75＝210（度）。時差は，
210（度）÷15（度）＝14。2月1日
午前9時の14時間後を考える。

4 (1) 中国・四国地方
(2) 中央高地
(3) 三重県　津市　兵庫県　神戸市
(4) 横浜市　神奈川県
名古屋市　愛知県
(5) 島根県

考え方 (5) 竹島は島根県隠岐の島町に属し
ている。北方領土は，北海道根室市
などに属し，尖閣諸島は沖縄県石垣
市に属している。

3 世界の宗教と世界の気候

スタートドリル　P.30,31

1 (1) （下の図）

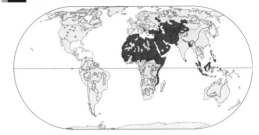

(2) キリスト教，仏教
(3) ① 豚肉　② メッカ
③ 断食
(4) ヒンドゥー教
(5) 上座部
(6) 教会
(7) キリスト教

考え方 (3) ② バチカン市国はキリスト教
のカトリックの総本山がある。

2 (1) A ⑦とつなぐ
B ⑦とつなぐ
C ⑦とつなぐ
D ⑦とつなぐ
(2) A 冷帯（亜寒帯）
B 乾燥帯
C 寒帯
D 熱帯
(3) ① 赤道　② 地中海性気候
③ 針葉樹
④ 砂漠　⑤ 雪や氷
(4) ⑤

1 世界のさまざまな宗教　P.32,33

1 (1) ① 聖書　② 経
(2) ユダヤ教
(3) モスク
(4) ガンジス

2 (1) ① 仏教　② イスラム教
　　　　③ キリスト教
　　(2) ハラル
3 (1) ① キリスト教　② ヒンドゥー教
　　(2) イスラム教

考え方 (1) キリスト教は，ヨーロッパ州，南北アメリカ州に着目する。ヒンドゥー教は，インドに着目する。

4 (1) ① 豚（ぶた）　② メッカ　③ 断食（だんじき）
　　(2) ① 上座部（じょうざぶ）　② 大乗（だいじょう）
　　(3) ① 牛　② ガンジス

考え方 (1) イスラム教では豚肉その物を食べることが禁止されているだけでなく，豚肉を使った食品も禁止されている。
(3) ヒンドゥー教を信仰（しんこう）する人々にとっては，牛は神聖な動物なので，その肉は食べない。ただし，牛乳やヨーグルトは許されている。

② 世界のさまざまな気候　P.34,35

1 (1) ① 熱帯　② 乾燥帯（かんそうたい）
　　　　③ 温帯　④ 冷帯　⑤ 寒帯
　　(2) 温帯

考え方 (1) ①は赤道を中心にして南北に広がっている。年平均気温が20度以上もある。一年中，雨の多い熱帯雨林気候や，雨季と乾季のあるサバナ気候がある。②は雨がほとんど降らない砂漠（さばく）気候と，わずかな雨が降るために草原となっているステップ気候がある。③は，大陸西岸では，気温や降水量の変化の小さい西岸海洋性気候，大陸東岸にあって，夏と冬で気温差が大きく，一年を通して降水量の多い温暖湿潤（しつじゅん）気候，そして，夏は乾燥し，冬に雨が降る地中海性気候がある。④は針葉樹林帯が広がっている。⑤は短い夏に，こけ類など

が生える地域がある。

2 冷　帯…d，イルクーツク
　　温　帯…a，東京
　　乾燥帯…b，カイロ
　　熱　帯…c，クアラルンプール

考え方 カイロは北緯（ほくい）30度にあり，エジプトの首都。イルクーツクは北緯52度にあるシベリアの都市。

3 (1) ア　西岸　イ　大西洋
　　(2) ア　東岸　イ　夏

考え方 (1) 暖かいメキシコ湾流（わんりゅう）とそれに続く北大西洋海流の上を通ってくる偏（へん）西風（せいふう），が，西ヨーロッパに1年を通して暖気と湿気（しっき）をもたらしてくれる。

まとめのドリル　　P.36,37

1 (1) A　キリスト教　B　仏教
　　(2) ① コーラン　② 豚
　　(3) ① イスラム教　② 仏教
　　　　③ キリスト教
　　(4) ⑦　○　④　牛
　　　　⑦　ガンジス川

考え方 (1) B　タイは上座部仏教がさかんな国。
(4) ④　ヒンドゥー教にとって神の使いとされるのは牛である。
⑦　聖なる川は「ガンジス川」。

2 (1) ① 熱帯雨林　② ステップ
　　　　③ 冷帯（亜寒帯）（あかんたい）
　　(2) 熱帯
　　(3) ⑦　寒帯
　　　　④　乾燥帯
　　(4) イ

9

4　世界の人々の生活と環境

スタートドリル

P.40,41

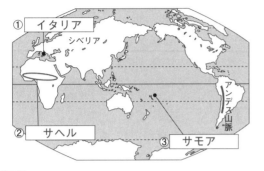

1 (1)　（上の図）
　　(2)　やし

> **考え方** (2)　入り口や窓は開放的である。風
> 通しを良くし，昼夜の暑さをやわら
> げる。

2 (1)　狩り
　　(2)　丸太

> **考え方** (2)　シベリアでは非常に寒い冬に備
> えて，太い丸太を組み合わせたログ
> ハウスに住んでいる人が多い。

3 (1)　（上の図）
　　(2)　石造り
　　(3)　オリーブ

> **考え方** (2)　地中海沿岸は，良質の石材の産
> 地であった。むかしからその石を利
> 用した家がつくられた。暑い日差し
> をさけるために窓は小さくつくられ
> た。一方，乾燥帯や高山気候の地域
> では，樹木が少ないため，土や日干
> しれんがを利用して家をつくってい
> る。

4 (1)　（上の図）
　　(2)　焼畑
　　(3)　テント

> **考え方** (2)　焼畑農業は，森林の樹木を切
> り，乾燥させてから焼き，その灰を
> 肥料にして耕作を行う農業。数年の
> あいだ作物をつくるとほかの場所に
> 移動して新たに焼畑をつくる。中・
> 南アフリカ，南アメリカ，東南アジ
> アの山地で見られる。

5 (1)　下がる
　　(2)　アルパカ
　　(3)　じゃがいも

> **考え方** 気温は，高さが100 m増すと約0.6℃
> ずつの割合で下がる。このため赤道
> 近くのアンデス山脈では，ふもとか
> ら山頂までの間に，熱帯から寒帯ま
> での気候帯が見られる。アンデスの
> 中腹では気温も高く，雨も多いので
> 作物の栽培が行われている。4000 m
> 以上の土地では作物が育たないので
> アルパカやリャマ，羊の放牧を行っ
> ている。人々はアルパカや羊の毛を
> つむいで布を織り，リャマに積んで
> 市場に運ぶ。アルパカやリャマの糞
> は燃料に利用されている。

① 暑い地域と寒い地域にくらす人々　P.42,43

1 (1)　熱帯　　(2)　熱帯雨林
　　(3)　やし　　(4)　太い丸太

> **考え方** (1)　熱帯の中で，熱帯雨林気候は特
> に雨が多い。
> (2)　熱帯地域では気温が高く，雨量
> も多いので樹木がよく育ち，密林と
> なる。ぶなはおもに温帯で見られる
> 樹木である。日本の白神山地のぶな
> 林は世界遺産に登録されている。

2 (1)　ツンドラ
　　(2)　タイガ
　　(3)　イヌイット
　　(4)　カリブー

考え方 (3) イヌイットとは「人間」という意味。イヌイットの人々はカリブーなどを追って狩猟をしている。かつては移動に犬ぞりを使っていた。

3 (1) 熱帯
(2) タロいも
(3) 天然ゴム

考え方 (1) 赤道を中心に分布しているので，熱帯である。
(2) サモアではタロいもやココやし，バナナを栽培している。熱帯で，土地がせまい島国なので米や小麦は栽培していない。

4 (1) A 寒帯　B 冷帯
(2) イヌイット（エスキモー）
(3) タイガ

考え方 (1) 南極と北極に近い地域なので寒帯と冷帯の気候帯である。
(3) 北半球の冷帯（亜寒帯）に分布する針葉樹林帯のこと。

② 温暖な土地と乾燥した土地にくらす人々 P.44,45

1 (1) 温帯　　(2) オリーブ
(3) テント　(4) もろこし

考え方 (1) イタリアは秋田県大潟村と同じ，北緯40度の緯線が通る国で，気候帯も日本と同じ温帯に属している。
(2) 他にもぶどうなどを栽培している。

2 ① 乾燥　② アラビア
③ 砂漠　④ オアシス
⑤ 遊牧

考え方 ④ 砂漠の中でも植物が生育し，人間が生活できるほどの水が得られるところ。オアシスがなければ遊牧民の生活は成り立たない。

⑤ アラビア半島にはベドウィンと呼ばれる遊牧民がくらしている。ベドウィンは砂漠が広がる地域でらくだや羊，やぎなどの家畜を連れて，草や水を求めて移動しながらくらしている。

3 (1) アラビア半島　(2) 乾燥帯
(3) 遊牧　(4) モンゴル
(5) オアシス

考え方 (1) 西アジアの南部にある大きな半島。
(5) オアシスは，遊牧民や隊商が水を補給する場所であり，商品や情報を交換する場所でもある。

4 (1) 暑くて乾燥している
(2) 日差し（日光）

③ 高地にくらす人々 P.46,47

1 (1) 赤道　(2) 高山気候　(3) 4000 m
(4) 日干しれんが
(5) ラパス

考え方 (3) 日本で一番高い富士山の山頂が3776mである。

2 ① アンデス　② ポンチョ
③ アルパカ　④ リャマ

考え方 ④ リャマは力が強く，20〜50 kg程度のものを背に乗せて運ぶことができる。

3 (1) アンデス山脈　(2) 日干しれんが
(3) A アルパカ　B とうもろこし

考え方 (3) アンデス山脈の中腹は気温もやや高く，雨も多いので，作物が栽培される。

4 (1) ① 月ごとの降水量
② 月平均気温　③ 年降水量
(2) 高山気候

まとめのドリル　　　P.48,49

1 (1) ① 遊牧　② テント
(2) ① サヘル　② 焼畑農業
(3) ① イヌイット(エスキモー)
② イグルー

考え方 (1) ② 移動に便利なように，羊やらくだの毛でつくった布を，支柱にかぶせた簡単なテントである。
(3) ② 氷でつくられた家。

2 (1) 寒い土地…ア　　高い土地…ウ
(2) ① イ　② ア　③ ウ
(3) ① タイガ　② リャマ

考え方 (3) アはシベリアで見られる住居である。シベリアは冷帯でタイガと呼ばれる針葉樹林帯が広がる。

定期テスト対策問題　　　P.50,51

1 (1) 赤道
(2) 西経40度
(3) 北西
(4) ブエノスアイレス

考え方 (1) 0度の緯線のこと。
(2) 東経140度から180度移動させた位置が反対側の経度となる。0度の経線から東経140度のなす角は140度なので，180−140＝40より求めたい経線は西経40度。
(3)(4) この地図は正距方位図法で描かれたもので，距離と方位が正しく表されている。

2 (1) イスラム教　(2) アッラー
(3) 豚　(4) 遊牧

考え方 (1) 写真は一日に5回，メッカに向かって礼拝しているようす。
(2) ただ一つの全知全能の神。
(3) 豚は不浄とされる。
(4) ほぼ決まった道筋を移動しながら生活する，原始的な牧畜。

3 (1) ① 温帯　② ロンドン
(2) ① 砂漠気候　② ステップ気候
(3) ① 熱帯(雨)林　② サバナ
(4) ① イヌイット(エスキモー)
② ツンドラ
(5) タイガ
(6) 高山気候

考え方 (1) 気温の変化が小さく，降水量も一年中平均している。大陸の西岸に見られる温帯の気候である。
(2) 乾燥帯の気候である。降水量の差によって，二つに分けられる。
(3) 熱帯の地域である。乾季があるかないかで，二つに分けられる。
(4) ① アメリカでは「エスキモー」とも呼ばれる。かれらの言葉で「人間」を意味する。
② 厚い永久凍土からなっているが，夏だけ地表がとけて，こけ類などが育つ。

5 アジア州

スタートドリル
P.54,55

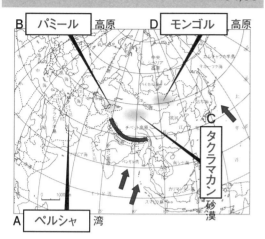

B パミール 高原　D モンゴル 高原
C タクラマカン 砂漠
A ペルシャ 湾

1 (1) （上の図）
(2) ① チベット　② インダス川
③ 砂漠(さばく)
(3) （上の図）

考え方 (2) ① デカン高原はインド半島の中央部にある高原。
② ナイル川はアフリカ大陸の中部から北に向かって流れ，地中海に注ぐ川。
③ アラビア半島や中央アジアは乾燥帯(そうたい)の気候。

2 (1) （上の図）
(2) 季節風

考え方 (2) 偏西風(へんせいふう)は西から東に向かって，一年中吹(ふ)く西風。季節風は夏は海から大陸に向かって，冬は大陸から海に向かって吹く風。この季節風の影響(きょう)で，日本の日本海側の地域では冬に大雪が降る。

3 (1) （下の図）

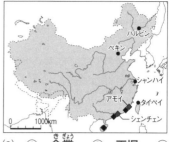

(2) ① 企業(きぎょう)　② 工場　③ 大気汚染(おせん)

4 (1) （下の図）

(2) 米
(3) ＡＳＥＡＮ(アセアン)

考え方 (2) 米の輸出の多い国は，タイ(24.5%)，インド(24.5%)，ベトナム(12.9%)，パキスタン(9.8%)，アメリカ(8.2%)などとアジアの国々が多い。(2016年)

① アジアの自然環境(かんきょう)
P.56,57

1 (1) ヒマラヤ山脈　(2) 長江(ちょうこう)(チャンチアン)
(3) ガンジス川　(4) ルブアルハリ砂漠(さばく)
(5) デカン高原

考え方 (1) エベレスト山(チョモランマ)をはじめ8000 m級の山々が連なる世界最高の山脈。
(2) 世界有数の大河で，全長が約6380 kmもある。

2 (1) 熱帯雨林気候　(2) 季節風
(3) アラビア

考え方 (3) ネフド砂漠やルブアルハリ砂漠がある。

3 (1) ① 屋根　　②ヒマラヤ
　　　③　ガンジス
　　(2) ④　アラビア　　⑤　日本

考え方 (1) ①　世界最高の山脈。8000 m
級の山々が連なる。
　　③　ガンジス川は聖なる川と呼ばれ
る。ヒンドゥー教徒の間では，ガン
ジス川の水で沐浴をすると，罪やけ
がれを洗い流すことができると信じ
られている。沐浴とは体の一部また
はすべてを水に浸して身を清めるこ
と。

4 (1) ①　乾燥帯　　②　冷帯
　　　③　熱帯
　　(2) 季節風(モンスーン)
　　(3) 雨季

考え方 (3) 雨季になると，しばしば水害に
みまわれる。

2 集中する人口と多様な文化　P.58,59

1 (1) インド　　(2) 漢
　　(3) 中国　　(4) インド

考え方 (1) 世界の人口は約77億人(2019
年)，中国とインドで約36％を占め
る。
　　(2) 中国は多民族国家であるが，大
部分は漢(民)族である。漢(民)族は
おもに東部に住んでいる。

2 (1) ①　仏教　　②　イスラム教
　　　③　キリスト教
　　(2) インド

考え方 タイでは仏教，インドネシアではイ
スラム教，フィリピンではキリスト
教を信仰する人が多いが，マレーシ
アでは信仰する宗教が混在してい
る。インドは80％がヒンドゥー教
教徒。イスラム教14％，キリスト

教2％とつづく。

3 (1) 2千万人　　(2) 1985年以前の20年間
　　(3) スラム

考え方 (1) グラフの単位は(千人)なので読
みとった数字の一の位が千の位とな
る。2010年の上海は20000(千人)
なので，20000000人である。
　　(2) グラフの傾きが急なほど，大き
く変化したことを示す。
　　(3) 一方で，高層ビルが立ち並ぶ場
所も増える。

4 (1) イスラム
　　(2) 漢字

3 経済発展する中国とインド　P.60,61

1 (1) 稲作　　(2) 経済特区
　　(3) 情報通信技術　　(4) シリコンバレー

考え方 (1) 中国の米の生産量は世界一で
(2017年)，おもに華中・華南で栽
培されている。華南のチュー川流域
では二期作も行われている。
　　(2) NIESは発展がめざましい国を
さす。
　　(4) シリコンバレーは世界の最先端
をいくハイテク産業やインターネッ
トに関連した情報通信技術産業が発
達した地域。

2 (1) ①　稲作　　②　小麦
　　　③　とうもろこし
　　(2) 綿花

考え方 (1) 中国の農業は華北や東北地方の
畑作地域と華中と華南の稲作地域の
二つに大きく分けられる。
　　(2) インドでは，ガンジス川の中・
下流では稲作が，インダス川中流で
は小麦の栽培がさかんである。ま
た，紅茶やジュート(黄麻)も有名。

3 (1) A 米　B 小麦
(2) 長江
(3) 経済特区

考え方 (1) **A** 国別生産割合のグラフで東南アジアの国々が入っているのが米である。
(2) 長江は中国最大の河川で，中流域では多くの湖沼（こしょう）も存在する。下流域は川はばも広く，流れもゆるやかで，下流に三角州をつくっている。長江は長大な河川なので，水運に利用されている。
(3) 外国の技術や経営管理の方法などを取り入れるために設定した特別区域のこと。沿岸部に設定された。

4 ① 情報通信技術(ICT)
② 教育

④ 東南アジアと朝鮮（ちょうせん）半島　P.62,63

1 (1) 機械類　(2) シンガポール
(3) バナナ　(4) 38

考え方 (4) 1950～53年の朝鮮戦争で，38度の緯線（いせん）付近を軍事境界線として，休戦協定が成立した。

2 ① 社会主義　② 計画
③ ピョンヤン　④ 資本主義
⑤ 新興工業経済地域
⑥ ソウル

考え方 ① 1991年に南の大韓民国（だいかんみんこく）とともに国際連合に加盟した。
④ アメリカや日本と同じ。
⑤ NIES（ニーズ）のこと。韓国などのアジアNIESに対して，ブラジルやメキシコを中南米NIESと呼ぶこともある。

3 (1) 米
(2) プランテーション

---

(3) ① ⓐ マングローブ　ⓑ えび
② イ

考え方 (2) 他に，バナナやコーヒーが栽培（さいばい）されるプランテーションもある。
(3) Cはインドネシア。②アはタイ，ウはフィリピン。機械類の割合が高まっている。

⑤ 西アジアと中央アジアの国々　P.64,65

1 (1) アラビア　(2) ＯＰＥＣ（オペック）
(3) 乾燥（かんそう）した　(4) イスラム教

考え方 (2) ＯＰＥＣは石油輸出国機構の略（りゃく）称。ＡＳＥＡＮ（アセアン）は東南アジアの10か国(2019年)でつくる経済協力の組織。

> ＯＰＥＣ加盟国(14か国・2019年現在)
> サウジアラビア　イラン
> イラク　クウェート
> ベネズエラ　リビア
> アラブ首長国連邦（れんぽう）　アルジェリア
> ナイジェリア　アンゴラ
> エクアドル　ガボン
> 赤道ギニア　コンゴ共和国

(3) 中央アジアは砂漠（さばく）も多い。

2 (1) ① 石油　② 石油化学工業
(2) ① ドバイ　② 金融（きんゆう）
(3) ① ソビエト連邦
② レアメタル

考え方 (1) 西アジアは石油輸出量や埋蔵量（まいぞうりょう）が多い地域である。

サウジアラビア 16.8%	ロシア 11.4	イラク 8.5	カナダ 7.3	アラブ首長国連邦 5.4	クウェート 4.9	その他 45.7

2016年

(2019/20「日本国勢図会」)

▲石油の輸出割合

3 (1) A　アラビア半島

　　　B　ペルシャ湾

(2)　サウジアラビア

(3)　① ⓐ　高く　　ⓑ　ソビエト

　　　②　シルクロード

(4)　①　ドバイ　　②　金融

考え方 (3)　②　絹の道ともいわれ，古くか
らローマ帝国と中国を結んでいた古
い道。中央アジアの国々を通り，東
と西の物資・文化の交流が行われて
いた。

(4)　①　ドバイには先進的な建物が
立ち並んでいる。

まとめのドリル　　　P.66,67

1 (1)　ヒマラヤ山脈

(2)　チベット高原

(3)　C　インダス川　　D　黄河

(4)　イルクーツク

(5)　①　夏　　②　季節風(モンスーン)

(6)　①　アラビア半島　　②　乾燥帯

　　　③　ア　石油

　　　　　イ　OPEC(オペック，石油輸出
　　　　　　　国機構)

考え方 (1)　ヒマラヤとは，古代のインドの
ことばで「雪のすみか」という意味。

(2)　チベット高原は中国南西部のヒ
マラヤ山脈とクンルン山脈にはさま
れた大高原である。平均の高度が
4500 m以上の高原で寒暑の差が大
きく，乾燥が著しい。おもに羊の遊
牧が行われ，チベット族が多く居住
している。

(3)　C，Dの川の流域は古代文明が栄
えた場所としても有名である。

2 (1)　米

(2)　経済特区

(3)　①　フィリピン

　　　②　中国

　　　③　インド

　　　④　朝鮮民主主義人民共和国

(4)　タイ　仏教

　　　インドネシア　イスラム教

(5)　人口の増加をおさえるために，一夫婦に
子どもは一人にすることを奨励する政策。

考え方 (1)　南部なので米である。北部では
畑作が行われている。

(2)　中国の海外開放政策として，外
国の資本や技術の導入を目的に設け
られた特別地域。1979年から1988
年の間に5か所設けられた。

6　ヨーロッパ州

スタートドリル　　　P.70,71

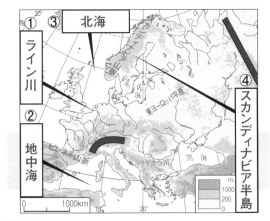

1 (1)　(上の図)

(2)　平野

(3)　(上の図)

考え方 (2)　アルプス山脈の北側は東ヨー
ロッパ平原や北ドイツ平原と呼ばれ
る広い平原が続いている。

2 (1)　(上の図)

(2)　高緯度

(3)　A　北大西洋海流　　B　偏西風

考え方 (1)　北緯40度の線がどのあたりを
通っているのか，しっかりと確認し
ておこう。

（2）　フランスやイギリスなどの国は日本の秋田県より高緯度に位置している。

3 （1）　（左の図）
（2）　アジア

考え方　（2）　ウラル山脈は，ロシア連邦にある山脈で，山脈の西側がヨーロッパ，東側がアジアとなっている。

4 （1）　（下の図）

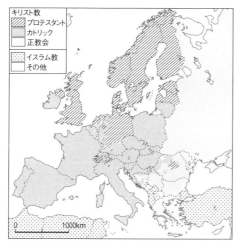

（2）　①　キリスト教
　　　②　北部

考え方　（2）　①　ヨーロッパでは，近年移民の流入などにより，イスラム教も広まっている。
　　　②　プロテスタントはドイツやイギリス，ノルウェー，スウェーデン，フィンランドなどの北の地域に多い。

5 （1）　（下の図）

（2）　イギリス

考え方　（2）　ＥＵは2004年にポーランド，ハンガリー，チェコ，スロバキア，スロベニア，エストニア，ラトビア，リトアニアの東ヨーロッパの国が加盟し，一気にふくらんだ。しかし，2020年にイギリスが離脱した。

①　ヨーロッパの自然　　P.72,73

1 （1）　西　　（2）　スカンディナビア
（3）　ライン　　（4）　地中海

考え方　（1）　ヨーロッパ州はユーラシア大陸の西側に位置する。東側はアジア州。
（2）　ピレネー山脈はヨーロッパ南部にある山脈で，スペインとフランスの国境となっている。アンデス山脈は南アメリカ大陸にある山脈。
（4）　バルト海，北海の沿岸は寒い気候である。

2 （1）　白夜　　（2）　アルプス
（3）　フィヨルド　　（4）　北大西洋
（5）　偏西風

考え方　（1）　白夜は夏に太陽が沈んでも，夕暮れのようにうす明るい夜が続く現象。北極圏や南極圏で見られる。
（3）　ノルウェーの大西洋岸に見られる。
（4）　メキシコ湾流の延長上にある暖流。

3 （1）　フィヨルド
（2）　B　アルプス
　　　C　ピレネー

考え方　（1）　フィヨルドは氷河の侵食でつくられた谷（U字谷）に海水が入り込んでできた，細長く奥行きのある湾。
（2）　B　氷河が残るけわしい山脈。

4 （1）　①　偏西風
　　　②　西岸海洋性
（2）　北大西洋海流

(3) ③ 乾燥 ④ 雨

考え方 (1) ① 偏西風は中緯度にある高気圧帯から高緯度に向かって，一年中吹く西寄りの風のこと。
(3) 地中海性気候の特色。雨の降る冬に小麦が栽培される。

2 ヨーロッパの文化　P.74,75

1 (1) ゲルマン系　(2) キリスト
(3) プロテスタント

考え方 (1) スラブ系の言語はロシア，ポーランド，ウクライナなどでヨーロッパの東側に多い。ラテン系の言語はフランス，スペイン，イタリアなど南側に多い。そしてゲルマン系の言語はドイツ，イギリスなど北側に多い。
(3) プロテスタントはキリスト教の宗派の一つで，16世紀にカトリック教会に対しておこった宗教改革によって誕生した。おもにヨーロッパの北部に広まった。

2 (1) ① オランダ　② ドイツ
(2) ① 教会　② 日曜日
③ クリスマス

考え方 (1) ② スイスにはスイス語という言語はないのでドイツ語，フランス語，イタリア語，ロマンシュ語が公用語になっている。公用語とは国家が公に使用することを認めている言語である。一つの国家で一つの言語が普通であるが，スイス，インドなどのように複数の公用語を持つ国もある。
(2) ヨーロッパでは，教会が町や農村のシンボルになっていることが多い。

3 (1) ① ゲルマン　② ラテン
③ スラブ

(2) A プロテスタント
B カトリック
(3) ① アフリカ　② 労働者

考え方 (2) ヨーロッパはキリスト教が共通の文化であるが，地域的にカトリック，プロテスタントと正教会に分かれている。スイスでは，プロテスタントとカトリックが共存している。

3 ヨーロッパの産業　P.76,77

1 (1) 航空機
(2) 約50%
(3) 穀倉

考え方 (1) エアバス社の航空機は，フランス・イギリス・ドイツ・ベルギー・スペインなどでつくられた部品を，フランスのトゥールーズなどの工場で組み立ててつくる。

2 (1) ① 小麦　② 豚
(2) 酪農
(3) ① ぶどう　② 地中海

考え方 (1) 畑では小麦・ライ麦・じゃがいも・てんさいなどの食用作物と並んで，牛や豚が食べる飼料作物を栽培する。
(3) 乾燥にたえるオリーブやぶどうを栽培する。降水量の多い冬から初夏にかけて，小麦や大麦を栽培する。

3 (1) ① ×　② ○
③ ○
(2) フランス

考え方 (1) すずしい北部やアルプスでは，酪農がさかんである。

4 (1) ルール地方
(2) ユーロポート

❹ ヨーロッパの統合　P.78,79

1 (1)　フランス　　(2)　ユーロ
　　(3)　都市部への流入

考え方 (1)　イギリスは1973年にＥＣに加盟した。スペインは1986年に加盟した。イギリスは2016年の国民投票でEUからの離脱(りだつ)を決定し，2017年に正式に通告，2020年に脱退した。
(2)　ポンドはイギリスの通貨。フランはユーロ導入前のフランスの通貨。

2 (1)　①　ヨーロッパ共同体
　　　②　ヨーロッパ連合
　　(2)　都市名…ブリュッセル
　　　　国　名…ベルギー

考え方 (1)　①は，1948年のベルギー，オランダ，ルクセンブルクのベネルクス三国による関税に関する協定がはじまり。その後，フランス，イタリア，西ドイツとＥＣをつくった。
②　Ｅはヨーロッパの頭文字，Ｕはユニオン(連合)の頭文字。

3 (1)　酸性雨
　　(2)　①　駐車(ちゅうしゃ)(パーク)　②　公共交通

考え方 (1)　酸性雨は工業地域などから排出(はいしゅつ)される大気汚染(おせん)物質によって生じ，国境をこえて，森林を破壊(はかい)したり，湖沼(こしょう)の生物を死滅(しめつ)させたりしてしまう。ドイツのシュバルツバルト(黒い森)での被害(ひがい)が著(いちじる)しい。
(2)　車を駐車場にとめて(パーク)，電車やバスに乗る(ライド)ことから，パークアンドライド方式と呼ばれる。

4 (1)　①　〇　　②　×　　③　×
　　(2)　①　関税　　②　ユーロ

考え方 (2)　②　2002年1月1日より，ユーロ紙幣(しへい)・コインの流通がはじ

まった。EU加盟国のうち，この通貨統合に参加していない国もある。

❺ ロシア連邦(れんぽう)　P.80,81

1 (1)　45倍　　(2)　ウラル山脈
　　(3)　スラブ　　(4)　ツンドラ
　　(5)　小麦

考え方 (2)　低くてなだらかな山脈。この山脈の東側がアジア州，西側がヨーロッパ州である。
(3)　ゲルマン系民族とはドイツ人やイギリス人。ラテン系民族とはイタリア人やスペイン人。ポーランドなど東ヨーロッパの人はスラブ系民族である。

2 ①　ソ連　　②　石油
　　③　パイプライン

考え方 パイプラインは陸地を通って輸送できるので便利である。

3 (1)　A　北極海　　B　ウラル山脈
　　(2)　ツンドラ
　　(3)　タイガ
　　(4)　ウ
　　(5)　シベリア鉄道
　　(6)　パイプラインを通して運ばれる。

考え方 (3)　北半球の冷帯(亜寒帯)(あかんたい)に分布する針葉樹林帯。もみ，まつなど。
(5)　シベリア鉄道は1904年に開通した。この鉄道の開通によって，沿線にいくつもの工業都市がつくられた。イルクーツクはその代表である。

まとめのドリル　P.82,83

1 (1)　①　北大西洋海流　　②　偏西風(へんせいふう)
　　(2)　ＥＵ
　　(3)　ユーロポート

左段

考え方 (1) 北大西洋海流は暖流である。この暖流の上を年中西から吹く偏西風によって暖かい風がもたらされて，ヨーロッパの西部は高緯度のわりに温暖な気候になっている。
(3) オランダにあるEU最大の港湾地区。EUの玄関口でもある。

2 A 混合農業　B 酪農(・放牧)
C 地中海式農業

考え方 A 食用作物は小麦やライ麦，じゃがいも，てんさいなど。作物栽培と家畜飼育の二つの仕事が混じりあっていることからこう呼ばれる。Cは夏に乾燥し，冬に降水量が多いのは地中海沿岸の気候の特色。

3 (1) フィヨルド
(2) アルプス山脈
(3) ウラル山脈
(4) シベリア鉄道
(5) ① プロテスタント
② カトリック
(6) 経済格差

考え方 (5) ②のイタリアの首都のローマ市内にはバチカン市国がある。バチカン市国はキリスト教のカトリックの総本山で，ローマ法王が居住している。
(6) 東西ヨーロッパの格差や，ギリシャ・スペインの経済危機などの問題がある。また，経済以外でも，外国人労働者の増加による人権の保護や，難民の対応など多くの課題がある。

右段

7 アフリカ州

スタートドリル P.86,87

1 (1) （下の図）

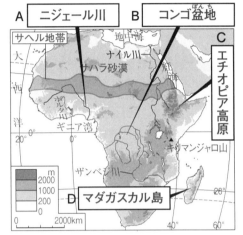

(2) ① 地中海　② サハラ
(3) （上の図）

考え方 (2) ② タクラマカン砂漠は中国西部にある砂漠。

2 (1) （下の図）

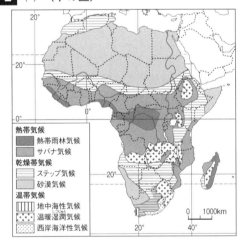

(2) ① 乾燥帯　② サバナ

考え方 (2) ② パンパは南アメリカ大陸のアルゼンチンに広がる草原。

3 (1) （下の図）

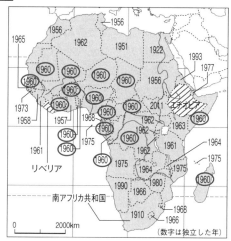

1965　1956　1956
1962　1951　1922
1960　1960　1960　1960　1960　1956　1993　1977
1960　1960　1960　1960　1960
1973　1960　1960　1960　2041　エチオピア
1958　1957　1968　1960
1962　1963　1960
リベリア　1960　1962
1961　1975　1960　1962　1961　1964
1960　1975　1962　1975
1964　1960
南アフリカ共和国　1990　1966　1980
1968
1910　1966
0　2000km　（数字は独立した年）

(2) アフリカの年
(3) （上の地図）
(4) アパルトヘイト

> **考え方** (2) 第二次世界大戦後，民族意識の
> 台頭で多くの国が独立した。なかで
> も1960年は17か国におよぶ多数の
> 国が一度に独立したため，アフリカ
> の年と呼ばれた。
> (4) フェアトレードは生産物を公正
> な価格で買い，生産国のくらしを守
> る動きのこと。

4 (1) 石油
(2) ① プランテーション農業
　　② モノカルチャー

> **考え方** (2) ① プランテーション農業は，
> 熱帯・亜熱帯地域で，欧米人が資本
> や技術を提供し，現地の人々を使っ
> て，世界市場へ輸出することを目的
> に，カカオ豆や天然ゴムなどの熱
> 帯・亜熱帯性作物を単一耕作する農
> 業。
> ② モノカルチャーとは単作という
> 意味である。

❶ アフリカの位置と自然　P.88,89

1 (1) ナイル川
(2) コンゴ盆地

(3) サハラ砂漠
(4) マダガスカル島

> **考え方** (1) この川の流域で古代文明がさか
> えた。そのころの遺跡であるピラ
> ミッドには世界中から観光客が訪れ
> る。
> (3) アフリカ大陸の約3分の1を占
> める広大な砂漠。
> (4) インド洋にある島。

2 (1) 南　(2) キリマンジャロ山
(3) 砂漠化

> **考え方** (2) アルプス山脈はヨーロッパにあ
> る山脈。アトラス山脈はモロッコ，
> アルジェリアにまたがる。
> (3) サハラ砂漠南側に広がる地域は
> 「サヘル」と呼ばれる。

3 (1) サハラ砂漠　(2) ナイル川
(3) サヘル

> **考え方** (3) サヘルでは雨がやや降るが，不
> 安定でかんばつが発生しやすいので
> 家畜の放牧が行われてきた。近年は
> 過放牧などにより，砂漠化が進んで
> いる。

4 ① 赤道　② コンゴ
③ 熱帯雨林　④ サバナ
⑤ 乾燥帯　⑥ 温帯

> **考え方** ① 赤道はアフリカの中央部を通っ
> ている。
> ④ 一年中暑く，雨の多い季節と雨
> の少ない季節がある。
> ⑥ 地中海性気候が見られる。

❷ アフリカの歩みとくらし　P.90,91

1 (1) イスラム教
(2) A　エチオピア　B　リベリア
(3) アフリカの年

21

考え方 (1) 北アフリカの国々では西アジアと同様にイスラム教を信仰する人が多い。中南アフリカではいろいろな宗教が信仰されている。

(3) ほとんどのアフリカの国々がヨーロッパの植民地となっていた。フランスは東西に，イギリスは南北に植民地を広げた。

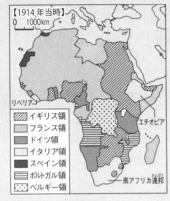

【1914年当時】
0　1000km

リベリア

エチオピア

▨▨ イギリス領
フランス領
ドイツ領
イタリア領
スペイン領
ポルトガル領
ベルギー領

←南アフリカ連邦

▲アフリカの分割

2 (1) ヨーロッパ
(2) アパルトヘイト
(3) アラビア語

考え方 (2) アフリカーンス語（南アフリカ共和国の公用語）で分離を意味する。

3 (1) ヨーロッパ　(2) 奴隷
(3) 南アフリカ共和国
(4) AU

考え方 (2) ベナンからナイジェリアにかけてのギニア湾の海岸から多くの黒人が奴隷として連れ出され，奴隷海岸と呼ばれた。

4 ① 民族　② 国境
③ 飢餓　④ 難民

考え方 ③ 国連で採択されたSDGs（持続可能な開発目標）には，「ゴール1 貧困をなくそう」，「ゴール2 飢餓をゼロに」が掲げられている。

③ アフリカの産業　P.92,93

1 (1) オアシス　(2) サヘル
(3) ナイジェリア　(4) ダイヤモンド

2 (1) 〈輸入国が多い〉…欧米
〈輸出国が多い〉…アフリカ
(2) プランテーション農業

考え方 カカオ豆は，コートジボワールが生産量世界一位（2017年）であり，重要な輸出品となっている。

3 (1) レアメタル　(2) 石油，天然ガス
(3) モノカルチャー経済

考え方 (1) レアメタルは，電子機器の部品に多く使われている。

4 ① 農産物　② 鉱産
③ 気候　④ フェアトレード

まとめのドリル　P.94,95

1 (1) ②　(2) 紅海
(3) B　マダガスカル島
C　ナイル川
(4) サバナ気候
(5) ① サヘル　② 過放牧
③ 立ち木　④ 砂漠化

考え方 (5) サハラ砂漠の南側のサヘル地域で，砂漠化が進行している。人口の増加による耕地の拡大などによって草や木を取りつくし，砂漠化していった。

2 (1) コートジボワール
(2) プランテーション
(3) アパルトヘイト
(4) アフリカの年
(5) イスラム教
(6) ① AU ② NGO

定期テスト対策問題　　　P.96,97

1 (1)　A　長江（チャンチアン）　B　インダス川
(2)　イスラム教
(3)　イ，エ
(4)　①　ＡＳＥＡＮ（アセアン）　②　ＯＰＥＣ（オペック）
(5)　①　インド　②　大韓民国（だいかんみんこく）

考え方　(2)　イスラム教は北アフリカ，西アジア，中央アジア，東南アジアで広く信仰（しんこう）されている。

(5)　②　急速に工業発展をとげ，シンガポール，台湾（たいわん），ホンコンなどとともにアジアＮＩＥＳ（ニーズ）（新興工業経済地域）といわれている。

---

2 (1)　A　スカンディナビア山脈
　　　　B　ウラル山脈
　　　　C　アルプス山脈
(2)　B
(3)　EU
(4)　シベリア鉄道
(5)　混合農業

考え方　(3)　ヨーロッパ連合と呼ばれる。27か国の加盟国がある。（2020年8月現在）

(4)　首都のモスクワから日本海沿岸のウラジオストクまでを結ぶ。

(5)　ドイツやポーランドでさかん。

---

3 (1)　サハラ砂漠（さばく）
(2)　アフリカの年
(3)　アパルトヘイト
(4)　フェアトレード

考え方　(1)　アフリカ大陸のおよそ3分の1を占（し）める。

(2)　第二次世界大戦まではアフリカのほとんどは，ヨーロッパの植民地であった。戦後，独立が相次ぎ，特に1960年に多くの独立国が誕生した。

(3)　少数の白人が，多数を占める有色人種を差別する政策。

スタートドリル　　　P.100,101

1 (1)　（下の図）

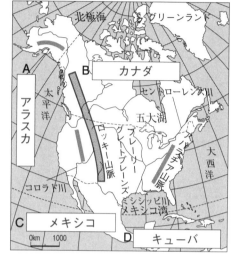

(2)　①　アパラチア
　　　②　ミシシッピ
(3)　（上の図）

考え方　(2)　①　アンデス山脈は，ロッキー山脈につながるように南アメリカ大陸の西側を南北に連なる山脈。

②　アマゾン川は南アメリカ大陸を流れる河川。赤道直下を流れる。ミシシッピ川の西岸にはプレーリーと呼ばれる肥沃（ひよく）な土地が広がる。

---

2 (1)　76.6%
(2)　①　先住民　②　スペイン語

考え方　(2)　①　日系人とは日本からアメリカやブラジルなどに移住した人とその子孫である。

②　メキシコや西インド諸島の国々はスペインから独立した国が多く，これらの国々ではスペイン語が公用語となっている。

---

3 (1)　小麦
(2)　①　世界の食料庫

② <ruby>企業的<rt>きぎょうてき</rt></ruby>な農業

考え方 (2) ② プランテーション農業は熱帯や亜熱帯の植民地で行われていた農業。ヨーロッパ人などが現地の人を使って経営していた。企業的な農業は適地適作とともにアメリカ農業の特色である。

4 (1) （下の図）

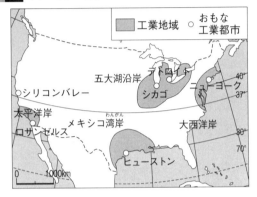

(2) ① サンベルト ② ハイテク

考え方 (2) ① グレートプレーンズは北アメリカのプレーリーとロッキー山脈の東側の間に広がる台地状の大平原のことである。

① 北アメリカの自然　P.102,103

1 (1) 西インド諸島 (2) カナダ
(3) 寒帯 (4) 熱帯

考え方 (1) マダガスカル島はアフリカにある島。スカンディナビア半島は<ruby>北欧<rt>ほくおう</rt></ruby>にある。
(2) アメリカとメキシコの国境はリオグランデ川である。

▲五大湖と国境

2 (1) ① ロッキー山脈
(2) アパラチア山脈
(3) ミシシッピ川
(4) プレーリー
(5) グレートプレーンズ

考え方 (2) アパラチア山脈は，アメリカ合衆国の中東部を大西洋岸に沿って走るなだらかな山脈。
(4) プレーリーは中央平原の西側，ミシシッピ川の西岸地帯で，<ruby>比較的<rt>ひかくてき</rt></ruby>降水量が少ない地域。
(5) グレートプレーンズは，プレーリーの西に広がる大平原。西経100度より西では雨が少なく，放牧がさかん。フィードロットは西経100度付近で行われる。

3 (1) ① カナダ ② メキシコ
③ キューバ
(2) ア ロッキー山脈
イ ミシシッピ川
ウ プレーリー

4 ① 北極 ② 熱帯 ③ 温帯
④ <ruby>砂漠<rt>さばく</rt></ruby>

考え方 ④ <ruby>乾燥<rt>かんそう</rt></ruby>地域では放牧が行われている。

② 北アメリカの民族と文化　P.104,105

1 (1) ヨーロッパ系
(2) フリーウェイ
(3) 移民
(4) ショッピングセンター

考え方 (3) 中央アメリカ，西インド諸島の国々からも移住する。

2 (1) ① 移民 ② イギリス
③ フランス
(2) ④ イヌイット

考え方 (1) カナダの<ruby>開拓<rt>かいたく</rt></ruby>はフランス人に

よってセントローレンス川流域から始まり，ケベック・モントリオールに植民地を開き，毛皮の交易を行った。その後，あとから入ってきたイギリスと対立が続いていたが，1763年にイギリスのカナダに対する支配権が確立した。1931年に独立し，ケベック州で自治，独立の動きがあるが，1970年代から多文化社会の成立をめざす。

3 ① イヌイット ② ネイティブ
③ 移民 ④ アフリカ
⑤ メキシコ

考え方 ③ イギリス以外にもヨーロッパの各国から移住してきた。
④ 17世紀初めに黒人がアフリカから奴隷（どれい）として連れてこられ，おもに南部の綿花地帯の農園で働かされた。

4 (1) アフリカ
(2) ネイティブアメリカン
(3) ヒスパニック

考え方 (1) アフリカ系アメリカ人ともいう。
(3) おもにラテンアメリカから移り住んだ人々である。

③ 世界の食料庫　P.106,107

1 (1) 企業的な（きぎょうてき）　(2) 適地適作
(3) 食料庫　(4) プレーリー

考え方 (4) サンベルトとは北緯（ほくい）37度以南の地域をさす。「太陽の輝く地帯」という意味。1970年代以降に先端技術（せんたん）産業が発展し，電子，航空，宇宙産業がさかんな地域。シリコンバレーもこの地域にある。プレーリーは中央平原の西側，ミシシッピ川の西岸地帯に広がり，比較的（ひかくてき）降水量が少ない地域である。

2 ① 気候　② 放牧　③ だいず
④ 大型機械

考え方 ② 一度放牧した肉牛を肥育場（フィードロット）で育て，質をあげて出荷する方式も広がっている。

3 (1) A 小麦　B とうもろこし・だいず
C 綿花
(2) ア

考え方 (2) とうもろこし・だいずは，いずれもアメリカ合衆国が1位の輸出量で，世界のおよそ40%を輸出している。（2016年）

4 (1) 適地適作
(2) 安くなる。
(3) 世界の食料庫
(4) フィードロット（牛肉肥育場）

考え方 (3) アメリカ合衆国の輸出農産物は穀物に限らない。世界の食料基地ともいわれる。日本も多くの農産物をアメリカから輸入している。

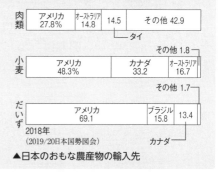

肉類	アメリカ 27.8%	オーストラリア 14.8	14.5	その他 42.9

└タイ

その他 1.8
小麦	アメリカ 48.3%	カナダ 33.2	オーストラリア 16.7

その他 1.7
だいず	アメリカ 69.1	ブラジル 15.8	13.4

2018年
(2019/20日本国勢図会)　カナダ

▲日本のおもな農産物の輸入先

④ 世界をリードする先端技術（せんたん）　P.108,109

1 (1) 炭田　(2) 五大湖
(3) 先端技術

2 (1) 五大湖沿岸
(2) ① ヒューストン
② ロサンゼルス
③ デトロイト

25

考え方 (1) 鉄鋼業で知られるピッツバーグもこの地域にある。

(2) ①, ②は, 南部や西部の州に広がったサンベルトと呼ばれる工業地域にふくまれる都市。

3 (1) ① メサビ ② アパラチア
③ 五大湖
(2) サンベルト

考え方 (1) Aの地域は五大湖沿岸地域で, アメリカ合衆国最大の工業地域であった。②の石炭産地は, 付近の山脈名と同じ炭田。

4 (1) シリコンバレー
(2) バイオテクノロジー

まとめのドリル　　　P.110,111

1 ① ロッキー ② アパラチア
③ ミシシッピ ④ プレーリー
⑤ 五大湖
2 ① A ② B
③ C
3 (1) グレートプレーンズ
(2) 小麦 (3) シリコンバレー
(4) ① 記号…ⓑ, 都市名…デトロイト
② 記号…ⓓ, 都市名…ヒューストン
③ 記号…ⓒ, 都市名…ロサンゼルス
(5) サンベルト
(6) 多文化主義

スタートドリル　　　P.114,115

1 (1) （下の図）

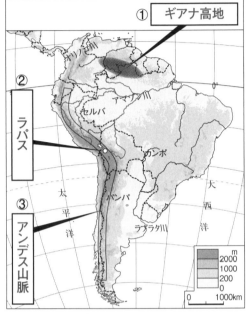

(2) セルバ
(3) パンパ
(4) （上の図）

考え方 (2) タイガとは北半球の冷帯の針葉樹林帯のことである。

(3) サバナとは熱帯にある草原である。

2 (1) ヨーロッパ系
(2) ペルー
(3) メスチソ（メスチーソ・メスチゾ）
(4) チリ

考え方 (3) メスチソとは, ヨーロッパ系と先住民の混血をいう。南アメリカではメスチソや異なった人種どうしの混血が多い。

3 (1) （下の図）

(2) ブラジル

(3) キリスト

考え方 (2) ブラジルはポルトガル語，アルゼンチンはスペイン語である。
(3) カトリックが多い。

4 (1) コーヒー
(2) ① 農産物
② 工業製品

① 南アメリカの自然環境とくらし P.116,117

1 (1) アンデス
(2) アマゾン
(3) セルバ (4) カンポ

考え方 (1) 北アメリカのロッキー山脈から続く，けわしい山脈である。
(2) 流域面積が約705万km²あり，日本の国土面積の18倍以上である。
(4) ブラジル高原の中部のサバナの地域に見られる草原。酸性が強いため，今までは放牧地にしか利用できなかった。日本の資金と技術援助で，大規模な開発が行われた。

2 (1) 熱帯 (2) 乾燥帯 (3) 温帯
(4) 高山

考え方 (1) 赤道の近くは熱帯である。
(3) 温帯の草原であるパンパが広がり，小麦の栽培などが行われている。
(4) アンデス山脈にあるボリビアの首都ラパスは，低地ならば熱帯になる緯度に位置しているが，海抜高度が3600〜4000ｍもある。そのため，ふもとの地域より約20℃気温が低くなる。

3 ① アンデス ② アマゾン
③ セルバ ④ ブラジル
⑤ 熱帯

考え方 ② アマゾン川流域は，熱帯林でおおわれている。
③ スペイン語で「森林」という意味。
④ ブラジルの国土の約３分の２を占める高原。

4 (1) イ
(2) ① 船 ② パンパ
(3) ア

考え方 (3) グラフは高地にあるラパスの雨温図である。気温が年間を通してすずしい。

② 南アメリカの人々と文化 P.118,119

1 (1) インカ (2) ブラジル
(3) スペイン語

考え方 (1) ペルー南部のクスコを中心として，北はエクアドル，南はチリの中部まで栄えていた，先住民の文明。スペイン人の侵入によって，16世紀前半に滅んでしまった。

2 (1) ポルトガル (2) キリスト教
(3) メスチソ (4) 日系人

考え方 (1) ブラジルを植民地支配したのがポルトガルであるが，メキシコ以南の他の多くを植民地支配したのが，イベリア半島にあるもう一つの国，スペインである。両国はラテン民族なので，メキシコ以南をラテンアメリカという。
(2) スペインやポルトガルの影響。
(3) メスチゾ，メスチーソともいう。

3 (1) ポルトガル　(2) カーニバル
(3) アフリカ(州)　(4) 日系人

4 (1) ① 明治　② 移民
(2) ① ヨーロッパ　② キリスト
(3) 多文化

考え方 (1) 日本人のブラジルへの移住は，1908年にはじまった。おもにコーヒー園の労働者として働いた。

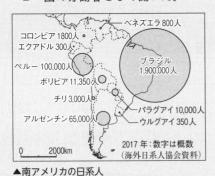

▲南アメリカの日系人

3 南アメリカの産業と開発 P.120,121

1 (1) ① コーヒー　② 鉄鉱石
(2) BRICS（ブリックス）

考え方 (1) ① ブラジルのサンパウロ州やパラナ州で栽培されている。コーヒーの輸出は世界一である。

生産921万t(2016年)

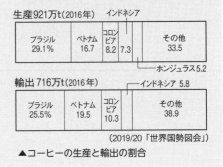

ブラジル 29.1%	ベトナム 16.7	コロンビア 8.2	7.3	その他 33.5

インドネシア
ホンジュラス5.2

輸出 716万t(2016年)

ブラジル 25.5%	ベトナム 19.5	コロンビア 10.3	その他 38.9

インドネシア 5.8

(2019/20「世界国勢図会」)

▲コーヒーの生産と輸出の割合

2 (1) 小麦　(2) 石油　(3) だいず
(4) スラム

3 (1) ① 木材　② 牧場
(2) ③ スラム
(3) 地球温暖化，貴重な動植物の絶滅

考え方 (3) アマゾン川流域には数多くの先住民がおり，焼畑農業，狩猟，漁労，野生植物の採集などでくらしている。アマゾンの開発によって，動植物が絶滅すると，先住民の生活が破壊されることになる。また，熱帯林の減少は地球温暖化の原因の一つといわれる。オゾン層の破壊は人間が排出したフロンガスより引き起こされる。酸性雨は化石燃料の燃焼による硫黄酸化物や窒素酸化物が原因。

まとめのドリル　P.122,123

1 (1) イ
(2) ⓐ アマゾン川　ⓑ セルバ
ⓒ パンパ
(3) ブエノスアイレス
(4) ① ポルトガル　② 多角
③ だいず
(5) ブラジル

考え方 (4) ② ブラジルの代表的な農産物はコーヒーであるが，価格の変動が激しいため，農業の多角化を進めて

きた。近年，だいず，さとうきびなどの生産量が増えている。

2 (1) ベネズエラ…石油　　チリ…銅
(2) アマゾン横断道路
(3) カンポ
(4) バイオエタノール
(5) カラジャス鉄山
(6) BRICS
　　　ブリックス
(7) スラムの拡大，貧困の拡大

考え方 (1)　ベネズエラは石油輸出国機構（OPEC）の原加盟国である。輸出
　　　　　オペック
に占める石油の割合が高い。
　　　し
チリは銅の生産が世界一の国である。輸出品も銅が中心である。

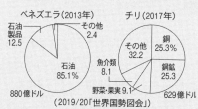
▲ベネズエラとチリの輸出品

(6)　ブラジルは農産物や鉱物資源の
輸出国だったが，現在では多国籍企
　　　　　　　　　　　こくせき
業も加わり，自動車，航空機，電子
　ぎょう
部品などを輸出する工業が発達した。

(7)　大型の農業機械を使った大規模な農場の開発は，それまで住んでいた人々の仕事をうばうことにもつながる。そのような人々は仕事を求めて都市部に移動し，その結果スラムが拡大する。

10　オセアニア州

スタートドリル　　　　　　　P.126,127

1 (1)　（下の図）

(2)　ニュージーランド
(3)　（上の図）

考え方 (2)　マダガスカルはインド洋にある島で，アフリカ大陸の東側にある。

2 (1)　（下の図）

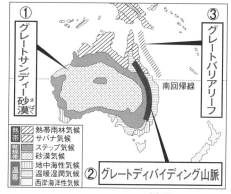

(2)　①　温帯　②　乾燥大陸
　　　　　　　　　　　　　かんそう
(3)　（上の図）

考え方 (2)　①　オーストラリアの南東部と南西部は温帯で，小麦などの作物栽
　　　　　　　　　　　　　　　　　　　　　　　　　　　　　　　　さい
培が行われている。冷帯は南半球では見られない。
　ばい

3 (1) （下の図）

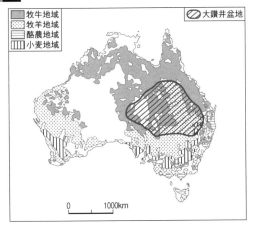

凡例：牧牛地域／牧羊地域／酪農地域／小麦地域／大鑽井盆地
0 ——— 1000km

(2) ① 羊　② 北東部

考え方 (2) ① オーストラリアは長い間
「羊の背中に乗る国」といわれるほ
ど，羊毛を輸出するために，羊の放
牧がさかんだった。その中心は大鑽
井盆地である。
② オーストラリアは肉牛の飼育も
さかんな国でもある。日本も牛肉を
輸入している。飼育の中心はオース
トラリアの北部や北東部である。

4 (1) （下の図）

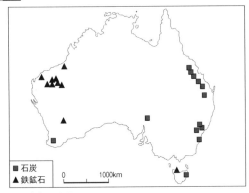

凡例：■ 石炭　▲ 鉄鉱石
0 ——— 1000km

(2) 東部

5 (1) ヨーロッパ州　(2) アジア州

1 オセアニアの自然とくらし P.128,129

1 (1) ニュージーランド
(2) 大鑽井盆地
(3) グレートディバイディング山脈

(4) ウルル（エアーズロック）

考え方 (2) 大鑽井盆地はオーストラリアの
中央にある大きな盆地。羊の放牧が
行われている。鑽井とは自然に水を
噴出する井戸のこと。

2 (1) ニュージーランド
(2) ミクロネシア
(3) 乾燥
(4) キリスト教

考え方 (2) ポリネシアは「たくさんの島々」，
ミクロネシアは「小さい島々」，メラ
ネシアは「黒い島々」の意味。

3 (1) 南半球
(2) 夏
(3) A グレートディバイディング山脈
B 大鑽井（グレートアーテジアン）盆
地
(4) キャンベラ

考え方 (1) 東京を通る東経140度の経線
が，大鑽井盆地の中を通っている。
(2) オーストラリアの12月下旬の
気候は夏である。
(4) 人口はオーストラリアの中で8
位（2019年）となる。キャンベラは，
20世紀に首都として計画されてつ
くられた都市である。1位はシド
ニー，2位はメルボルン。

4 (1) ① 火山　② さんご礁
(2) ツバル

考え方 (2) ツバルは面積が約26 km²，人
口約1万人の小さな島国。最高海抜
が5.6mと低い島である。

2 オセアニアの産業 P.130,131

1 (1) 東部　(2) 羊
(3) 羊毛　(4) 観光業

考え方 (3) 近年では，日本は羊毛をおもに中国から輸入している。

2018年

中国 43.3%	ニュージーランド 16.1	オーストラリア 15.1	その他 25.5

(2019/20「日本国勢図会」)

▲日本の羊毛の輸入先

(4) 南太平洋の島々では，美しい自然を生かした観光業がさかんである。

2 ① 鉄鉱石　② 石炭
③ 露天掘り

考え方 ① オーストラリアでは鉄鉱石は北西部，石炭は東部で産出するので，その分布の特色は確認しておこう。

3 (1) A 石炭　B 鉄鉱石
(2) ウラン
(3) 肉牛の飼育
(4) 牛肉

考え方 (1) 日本は石炭や鉄鉱石をオーストラリアから多く輸入している。

2018年

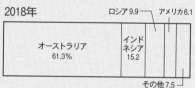

オーストラリア 61.3%	インドネシア 15.2	ロシア 9.9	アメリカ 6.1	その他 7.5

▲日本の石炭の輸入先 (2019/20「日本国勢図会」)

4 (1) A イギリス　B 中国
(2) 以前はイギリス，近年はアジア地域とのつながりが深まっている。

考え方 (1) オーストラリアはかつてはイギリスの植民地だったので，イギリスが最大の貿易相手国だった。
(2) 最近のオーストラリアの貿易相手国では，輸出・輸入とも中国，日本などとの貿易額が大きくなっている。

---

③ 移民と多文化社会　P.132,133

1 (1) イギリス　(2) 白豪主義
(3) チャイナタウン　(4) アボリジニ

考え方 (1) オーストラリアに最初に入植したのはイギリス人であり，1901年に連邦国家が成立して以来，イギリスとの関係は深かった。

2 (1) ① 狩猟　② マオリ
(2) ① イギリス　② 植民地

3 (1) アジア州
(2) 白豪主義
(3) ① 共存　② 多文化
③ アボリジニ

考え方 (3) ③ 白人が入植する前のアボリジニの人口は30万人といわれ，大陸全土に400〜500くらいの部族に分かれて狩猟と採取中心の生活をしていた。

まとめのドリル　P.134,135

1 (1) ① 大陸
② ウルル(エアーズロック)
③ 大鑽井(グレートアーテジアン)
(2) ミクロネシア，ポリネシア，メラネシア

2 (1) イギリス
(2) 小麦…C　肉牛…B
(3) 石炭

3 (1) ① イギリス　② 白豪
(2) 金
(3) ⑥ アボリジニ　ⓒ マオリ
(4) アジア

4 (1) トンガ
(2) ツバル

定期テスト対策問題　P.136,137

1 (1) ロッキー山脈

(2) 小麦
(3) ① 鉄鉱石　② アパラチア
　　③ 五大湖
(4) ロサンゼルス

考え方 (3) メサビ鉄山はスペリオル湖西岸にあるアメリカ最大の鉄山。ここで産出された鉄鉱石はシカゴ，デトロイト，クリーブランド，ピッツバーグなどの五大湖周辺の工業都市に運ばれる。

2 (1) オセアニア(州)
(2) A　鉄鉱石　　B　石炭

考え方 (2) Aはオーストラリアの北西部に分布しているので鉄鉱石である。Bはオーストラリアの東部に分布しているので石炭である。

3 (1) ウ
(2) パンパ
(3) インカ文明

考え方 (1) アの緯線は北緯20度　イは北緯10度　エは南緯10度を示している。赤道はアマゾン川河口付近を通る。
(2) セルバはアマゾン川流域に広がる熱帯林のことである。
(3) アンデス山中に発達した文明。16世紀にスペイン人によって滅ぼされた。世界遺産のマチュピチュなどの遺跡が残されている。

4 (1) ウ
(2) ① 農産物(コーヒー)
　　② 機械(工業製品)
　　③ 鉄鉱石

考え方 (2) 変わったところと，変わらないところを整理しよう。

総 合 問 題　　　　　　P.138,139

1 (1) ヒマラヤ山脈　(2) 本初子午線
(3) ウ　(4) 焼畑農業
(5) イ
(6) おもな輸出品目が農産物や工業の原料から工業製品に変わり，輸出総額が増加した。

考え方 (1) このあたりの山脈や高原は世界の屋根と呼ばれる。
(3) Aのイギリスは降水量が比較的少ない。Bの中国では稲作のさかんな地域は温帯で，降水量も多い。Dのメキシコではスペイン語を話す人が多い。
(4) アマゾン川流域の先住民の人々が行っていた農業。
(5) アは乾燥大陸と呼ばれるオーストラリア大陸。ウはすべての気候帯がある北アメリカ大陸である。

2 (1) Ⅰ　鉄鉱石　　Ⅱ　石炭　(2) ウ

考え方 (2) ニュージーランドは温帯(西岸海洋性気候)のため，一年を通して適度な雨が降り，牧草がよく育つ。